HEYNE FILMBIBLIOTHEK

W0088327

Katharina Blum

Juliette Binoche

Die unnahbare Schöne

Originalausgabe

WILHELM HEYNE VERLAG
MÜNCHEN

HEYNE FILMBIBLIOTHEK
Nr. 32/215

Herausgeber: Bernhard Matt
Redaktion: Rolf Thissen

Inhalt

Juliette Binoche 1985.

Vorbemerkung

Alles, was es über Juliette Binoche zu sagen gibt, über ihre Arbeit mit den bedeutendsten Regisseuren der internationalen Kinoszene (Regisseuren wie Jacques Doillon, Krzystof Kieslowski, Louis Malle, André Téchiné oder Philip Kaufman), über die Art und Weise, wie sie sich auf die verschiedenen Rollen vorbereitet, kurz: über ihre Kinokarriere, versucht dieses Buch darzulegen. Mein Anliegen war es besonders, die filmographischen Daten, die Selbstaussagen von Juliette Binoche sowie die französischen und deutschen Kritiken zu ihren Filmen möglichst komplett zusammenzutragen. Bei ihrem neuesten Film, *Le hussard sur le toit* von Jean-Paul Rappeneau, muß ich mich auf die Synopsis und einige Vorkritiken stützen, da der Film zwar abgedreht, aber zu diesem Zeitpunkt noch nicht uraufgeführt ist. Angekündigt ist er für das Frühjahr 1995, und man darf sicher gespannt sein auf eine Juliette Binoche im historischen Kostüm. Über die weiteren Pläne der Schauspielerin läßt sich derzeit noch nicht viel sagen. Bekannt ist lediglich, daß Hollywood-Regisseur Brian de Palma sie an der Seite von Tom Cruise in einer Kinoversion der Fernsehserie »Cobra, übernehmen Sie!« besetzen möchte. Ob sie der Rolle zustimmte, war jedoch bei Drucklegung dieses Buches noch nicht auszumachen.

Ich wollte die Schauspielerin Juliette Binoche kennenlernen und dem Leser zugänglich machen, gleichzeitig wollte ich ihre Privatsphäre sowie ihren Wunsch, sich nicht selbst in diese Edition einzubringen, respektieren. Es war ihre Freundin Vernice Klier, die die Vermittlerrolle spielte, freundlich und distanziert, dafür danke ich ihr. Die Biographie, die dabei herausgekommen ist, beruht im wesentlichen auf Selbstaussagen, die die junge Schauspielerin in Interviews machte, und auf Aussagen von denjenigen, die mit ihr gearbeitet haben. Es bleiben sicher Lücken, Schwarzstellen, Freiräume, die es noch zu entdecken gibt: Juliette Binoche ist 30 Jahre alt, sie hat dem Kino bisher viel gegeben, und sicher ist in der Zukunft noch viel von ihr zu erwarten. So war ich zum Beispiel sehr erstaunt, bei meiner Begegnung mit Juliette Binoche in Tours eine ganz andere Seite der jungen Schauspielerin kennenzulernen: nämlich die der außergewöhnlichen Malerin – eine Leidenschaft, die sie schon von früher Jugend an fesselte.

Etwas bleibt mir noch zu sagen, zu Juliette Binoche, zum französischen, zum europäischen Kino: nämlich, daß der Blick lohnt nach Frankreich, nach Europa, um zu erfahren, wieviel »Kinoqualität« vorhanden ist, wieviel Leinwand-Überraschungen möglich sind – wenn wir es ermöglichen.

Köln, im Februar 1995

Die Inszenierung eines Gesichts

… das Gesicht, die Augen: Das Spiel von Juliette Binoche ist ein Spiel der Blicke und der Gesten. Das Innenleben der von ihr verkörperten Figuren interessiert, das, was in der Seele verborgen scheint, was versteckt bleibt hinter den Augen und nur langsam und vorsichtig an die Oberfläche gebracht wird. Es ist die Inszenierung eines Gesichts, es ist die Betonung des Rätselhaften, es sind Momente von Gefühlen …

Juliette Binoche gelingt eine sensible Annäherung an die verschiedenen Figuren, eine Annäherung, die sie im Laufe ihrer schauspielerischen Laufbahn immer weiter perfektioniert. Mit genau nuancierten Bewegungen und minimalen Veränderungen des Gesichtsausdrucks werden die inneren Regungen einer Figur behutsam veräußerlicht: Ein leichtes Heben der Braue, das Zittern der Oberlippe, die Andeutung eines Lächelns oder eine einsame Träne machen Schmerzen und Hoffnungen, Ängste und Freuden spürbar. Ihr Spiel trägt der Zerbrechlichkeit von Gefühlen Rechnung, die auf die Leinwand gebannt werden sollen.

Es ist eine einprägsame Darstellung, eine, die im Gedächtnis haftenbleibt.

Ihre erste Hauptrolle in *Rendez-Vous* von André Téchiné wird 1985 zum durchschlagenden Erfolg beim Filmfestival in Cannes und begeistert das französische Kinopublikum. Juliette Binoche gibt dem Charakter der jungen Schauspielerin Nina genau jene Mischung von Naivität und innerer Zerrissenheit, die die Figur lebendig und glaubwürdig macht.

Schon einer ihrer nächsten Filme, *The Unbearable Lightness of Being* (Die unerträgliche Leichtigkeit des Seins), verhilft ihr zum internationalen Durchbruch: Mit starker Intensität verkörpert sie die Tschechin Teresa und schafft mit ihrer Darstellung eine vielschichtige Figur.

Léos Carax erfaßt schon sehr früh die mannigfaltigen Aus-

Juliette Binoche: Ein Spiel der Blicke und der Gesten.

drucksmöglichkeiten ihres Gesichts in *Mauvais sang* (Die Nacht ist jung), es ist das Kino vergangener Zeiten, das er zum Leben erweckt und in dem er seine Hauptdarstellerin zum Stummfilmstar macht: mit Augen, die zu sprechen vermögen.

In seinem nächsten Film, *Les amants du Pont Neuf* (Die Liebenden von Pont Neuf), setzt der Regisseur die unterschiedlichsten Spielweisen von Juliette Binoche in Szene und fordert ihren ganzen Einsatz. Die Rolle der Malerin Michèle verwächst zunehmend mit dem Leben von Juliette Binoche, die Dreharbeiten werden zu einem wichtigen Wendepunkt: Es gilt, Grenzen wahrzunehmen und zu schaffen zwischen dem Kino und dem Leben.

Ihre Darstellung verändert sich, die Figuren werden reifer, erwachsener, die Aussagekraft des Schweigens wird ausgebaut: In *Damage* (Verhängnis) von Louis Malle spielt sie eine junge Frau, die zum Schicksal für zwei Männer wird. Ihre Erlebnisse in der Vergangenheit bilden den Auslöser für ihr gesamtes Handeln, ohne daß die Motive vollkommen deutlich werden. Es ist das Geheimnisvolle, das betont wird.

Für die Rolle der Julie in Krzysztof Kieslowskis Film *Trois couleurs: Bleu* (Drei Farben: Blau) intensiviert Juliette Binoche eine Spielweise, die das Innenleben der verkörperten Figuren in den Mittelpunkt rückt, eine intime Darstellung, die Schmerzen und Ängste sichtbar macht.

Es sind ganz große filmische Erfolge, die Juliette Binoche in den letzten zehn Jahren aufzuweisen hat, und sie wird international als Star bezeichnet. Insbesondere in Frankreich, wo Schauspielerinnen viel mehr als Stars gefeiert werden als beispielsweise in Deutschland, wo Talente in Serien verbraucht werden, bis ihre Gesichter nicht mehr leinwandfähig sind.

Mit dem französischen Film sind die Namen vieler großer Schauspielerinnen verbunden; die verschiedenen Generationen überraschen immer wieder mit ihren Talenten. Cathérine Deneuve, Fanny Ardent, Stéphane Audran, Isabelle Huppert, Isabelle Adjani bestimmen seit Jahren das Kino in

Frankreich. Seit geraumer Zeit erobert eine neue Generation von Schauspielerinnen das Kinopublikum. Man denke an Sandrine Bonnaire, die gerade die Jeanne d'Arc bei Jacques Rivette verkörperte (*Jeanne la pucelle: les batailles, les prisons*), Emmanuelle Béart, die noch gut aus dem Chabrol-Film *L'enfer* (Die Hölle) bekannt ist, oder Anne Brochet, die mit *Cyrano de Bergerac* von Jean-Paul Rappeneau berühmt wurde und noch Anfang 1994 bei Jacques Doillon vor der Kamera stand (*Germaine et Benjamin*). Eine Liste, die man um viele Namen verlängern könnte. Keine Göttinnen, eher so etwas wie moderne Heldinnen, solche mit Seele, mit Gefühl, sie scheinen verletzbar und doch unverkennbar geprägt von einem weiblichen Selbstbewußtsein. Es sind Nachfolgerinnen der Jeanne d'Arc, *la douce France* sucht nach einem neuen Gesicht, einer Figur, mit der sich die ganze Nation identifizieren kann, der Verkörperung der *Marianne*. Die *Marianne,* dieses Sinnbild der Französischen Revolution, die in den fünfziger Jahren ein Antlitz bekommen sollte, das jeder Franzose kennt, ein menschliches Gesicht eben: Es waren die Züge von Brigitte Bardot, die uns entgegenlächelten und die dann von denen der Cathérine Deneuve abgelöst wurden. Großen Filmen und qualifiziertem Schauspiel wird applaudiert, dem Zeitgeist entsprechend werden reale und lebendige Mythen geschaffen, die weit über die Grenzen des Hexagon hinausgehen: die Deneuve, die Adjani. Die Binoche?

Juliette Binoche gehört unter den französischen Schauspielerinnen ihrer Generation zu denen, die sich ihren Platz erobert haben. Konsequent wählt sie ihre Rollen aus und erarbeitet sich die unterschiedlichen Figuren mit großer Genauigkeit und mit viel Zartgefühl. Sie versucht der Entwicklung und Veränderung der eigenen Person und ihrer schauspielerischen Situation gerecht zu werden. Sie nimmt Herausforderungen an, ist bereit, immer wieder neue Risiken einzugehen: Ihre unterschiedlichen Filme zeugen von der Intensität und Vielfältigkeit ihres Spiels.

Auf dem Weg zum Film

»Meine Wurzeln habe ich beim Theater, hier haben meine Eltern gearbeitet, es war meine Familie. Das Kino war etwas
ganz anderes, es war mir damals eher fremd.« (J. B. in: STU-
DIO MAGAZINE 77/93)
Das Theater steht am Anfang der Karriere von Juliette Binoche, es ist Ausgangspunkt ihrer großen Erfolge.

Am 9. März 1964 wird Juliette Binoche in Paris geboren. Die
Eltern sind vom Fach. Der Vater, Jean-Marie Binoche, ist Regisseur, die Mutter, Monique Stalens, inszeniert als Franzö-
sischlehrerin häufig Theaterstücke. Als Juliette Binoche zwei
Jahre alt ist, lassen sich die Eltern scheiden; Juliette bleibt bei
der Mutter und steht unter ihrer Regie zum ersten Mal auf
der Bühne.

In der Schulzeit wächst das Interesse fürs Theater: Mit ihren
Schulfreundinnen inszeniert sie »Le malade imaginaire« (Der

Juliette Binoche mit ihrer Mutter bei der Ausstellung in Tours.

13

eingebildete Kranke) von Jean-Baptiste Molière und »Le roi se meurt« (Der König stirbt) von Eugène Ionesco. Diese Inszenierung wird zu einem besonders wichtigen Ereignis für Juliette Binoche. Sie begeistert sich für die Möglichkeit, vielfältige Aufgaben wahrzunehmen, die für die Realisierung des Stücks notwendig sind: Dekoration, Maske, Garderobe. Hier zeigt sich die Lust, verschiedene Dinge auszuprobieren, sich unterschiedlichen Anforderungen zu stellen und in einer Gemeinschaft, der Theatergruppe, eng zusammenzuarbeiten.
Ionescos König fasziniert sie: Sie bewundert seinen Überlebenswunsch, die Revolte gegen den Tod. Man spürt bei diesem König die Notwendigkeit – und die Fähigkeit – zum größtmöglichen Energieaufwand bei der Arbeit. Seine Haltung wird für sie zu einer Art Vorbild. »Mein Spiel war nur mittelmäßig, doch ich hatte das Gefühl, eine wirkliche Kraft darzustellen, eine Autorität und die Fähigkeit, etwas zu fordern. Meine Mutter fand mich schlecht, meine Freundinnen waren enttäuscht von der Premiere, dennoch war ich selbst nach der einzigen Aufführung glücklich. Ich war sicher, daß ich bis zum Ende gehen konnte.« (J. B. in: POSITIF 326/88)
Nach dem erfolgreichen Schulabschluß (Abitur in Fachrichtung Literatur) zögert sie nicht lange und schreibt sich im städtischen Konservatorium ein: Die fachliche Ausbildung kann beginnen. Später wird sie das Konservatorium verlassen, um privaten Schauspielunterricht bei Vera Gregh zu neh-

Frühes Interesse für das Theater.

Juliette Binoche: unbekannte Ansichten.

men. Deren Kurse genießen in der Pariser Theater- und Filmszene große Anerkennung.

Juliette Binoche möchte Theaterschauspielerin werden. Wie ihre Kollegen träumt sie davon, einmal zumindest ein Minimum an Lebensunterhalt durch schauspielerische Tätigkeit zu verdienen. Zu diesem Zeitpunkt ist sie jedoch davon noch weit entfernt und jobbt nebenbei als Kassiererin in Kaufhäusern.

Dann kann sie in einigen Theaterinszenierungen mitwirken: in Luigi Pirandellos »Heinrich IV.«, inszeniert von Jacques Mauclair, und in »L'Argent de Dieu« von Michel Bodane.

Die Bühne behält ihre Anziehungskraft für Juliette Binoche, und auch als sich die Kinokarriere immer deutlicher abzeichnet, schließt sie das Theaterspielen grundsätzlich nie aus.

So nutzt sie beispielsweise 1988 die Gelegenheit, am Théâtre

15

National de l'Odéon in Paris in einer Inszenierung von Anton Pawlowitsch Tschechows »Die Möwe« mitzuwirken. Erfolgreich spielt sie die Rolle der Nina: Nina träumt davon, Schauspielerin zu werden, sie strebt nach Erfolg und Ruhm. Und sie träumt von der Liebe. Träume, auf die ein bitteres Erwachen folgt: Als mittelmäßige Schauspielerin und von dem Mann, den sie liebt, verlassen, bleibt sie einsam und unglücklich zurück. Nina – die Möwe.

Man spricht von einem wirklichen Theaterdebüt für Juliette Binoche. Die Darstellung hat sie insbesondere wegen des Regisseurs interessiert: Es ist der russische Filmemacher Andrej Michalkow-Kontschalowski, der mit »Die Möwe« sein erstes Stück für die Bühne inszeniert. Zu Tschechow und dem, was ihn persönlich an dem Stück interessiert, sagt Kontschalowski: »Bei Tschechow ist es nicht der Augenblick, der zählt, sondern das, was sich dahinter versteckt, genauso wie es nicht das Wort ist, das wichtig ist, sondern die Pause, das Schweigen, da wo das Wort aufsteigt und wo es untergeht.«

Für Juliette Binoche bedeutet das, eine sichtbare Ausdrucksform zu finden für das, was sich hinter den Worten verbirgt, was zwischen den Zeilen steht. Das Schweigen, dem Juliette Binoche in ihren Filmen so viel Inhalt zu geben vermag: »Ein Schweigen ist niemals wirklich schweigsam, es sagt oft mehr als Worte. Es verlangt mehr Vorstellungskraft: Die Augen sind das Essentielle beim Schweigen. (…) Gleichzeitig darf man das Schweigen niemals zu sehr spüren lassen.« (J. B. in: TÉLÉRAMA, Sondernummer September 93)

»Natürlich würde ich sofort wieder Theater spielen«, betont sie auch nach den großen Erfolgen von *Les amants du Pont Neuf* und *Damage*. »Das Theater ist schließlich meine Basis. Es gibt nur wenige Regisseure, mit denen ich Lust habe, ein Stück zu spielen, für mich bedeutet Theaterarbeit, die Arbeit in einer Gruppe: Zusammenarbeit. Mit wem ich gerne arbei-

Linke Seite: Juliette Binoche in einer Inszenierung von Tschechows ›Die Möwe‹.

Das Interesse für das Theater bleibt bestehen.

ten würde, das ist Peter Brooks, davon träume ich. (...) Er weiß das.« (J. B. in: ÉVÉNEMENT DU JEUDI vom 10.12.92)

Mit der Energie, von der Jacques Doillon (*Vie de famille*) einmal sagte, daß sie die Ursache für die Überzeugungskraft von Juliette Binoche und deren Erfolg sei, nimmt sie die nächsten Aufgaben in Angriff: Ihr Weg führt zum Film, zum Kino. Hier durchläuft sie ihre weitere schauspielerische Entwicklung und erfährt ihre ersten Erfolge. Mit 30 Jahren kann sie heute auf bedeutende und erfolgreiche Rollen zurückblicken.

Den Anfang machen einige wenige Kurzauftritte in Kinofilmen – wie in *Liberty Belle* von Pascal Kané (1983), wo sie nur in einer kurzen Szene zu sehen ist. Sie beginnt die Dreharbeiten für *Meilleur de la vie* von Renaud Victor, kann den Film jedoch nicht beenden: Als die Arbeiten für eine Weile unterbrochen werden müssen, hat sie sich bereits bei Jacques Doillon für *Vie de famille* (Der Mann, der weint) verpflichtet. In *Meilleur de la vie* sollte sie zusammen mit Sandrine Bon-

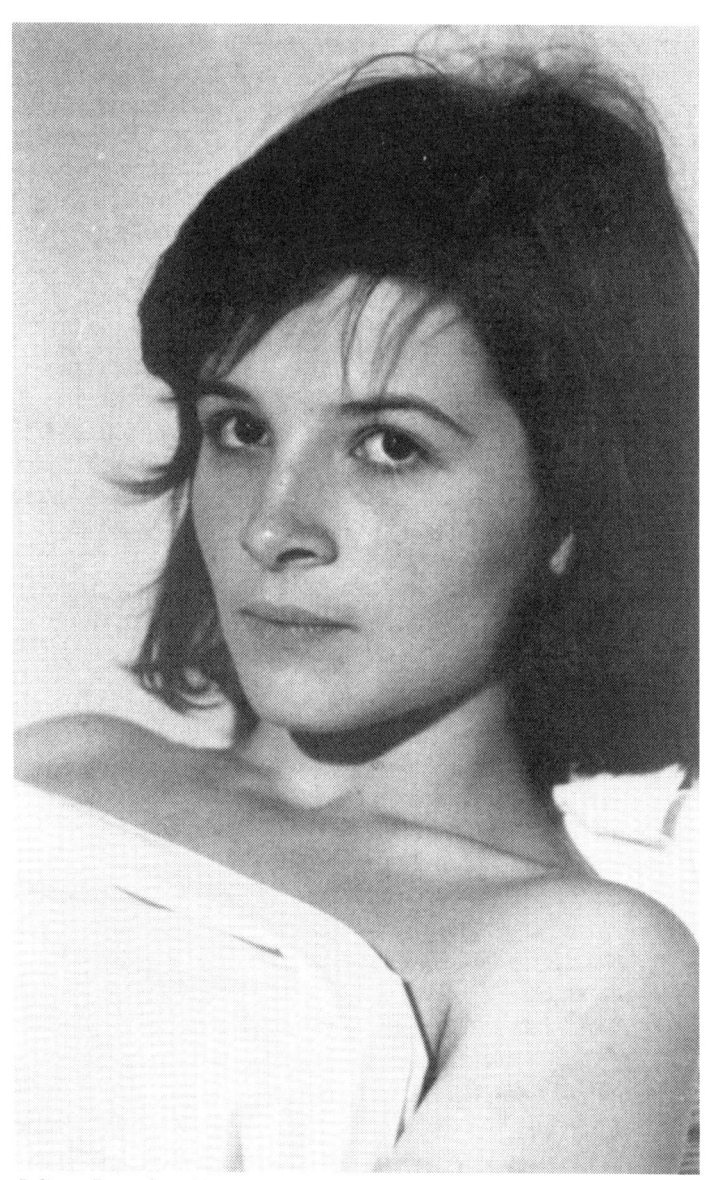

Juliette Binoche 1984.

naire spielen. Es ist die erste Begegnung der beiden Schauspielerinnen, die hier noch ganz am Anfang ihrer Karrieren stehen und heute sicher zu den besten ihrer Generation gehören. Sandrine Bonnaire erinnert sich, daß sie es sehr schade fand, als Juliette Binoche die Dreharbeiten abbrechen mußte, da sie sich mit ihr sehr verbunden gefühlt hatte. »Seit den ersten Aufnahmen, die wir zusammen gemacht haben, spürten wir eine sehr starke Verbindung. Es gab acht Mädchen, die für die Rolle gekommen waren, eine nach der anderen präsentierte sich, und dann sah ich dich (Juliette, d. A.) kommen, und wir spielten ein Szene. Doch schon als du (Juliette, d. A.) in den Raum gekommen bist, da habe ich mir gesagt: Sieh an, mit der da könntest du befreundet sein.« (J. B. und S. B. in: STUDIO MAGAZINE 24/89) In der Arbeitshaltung, in den Ansichten weisen die beiden viele Gemeinsamkeiten auf, ihre gezielte und genau reflektierte Rollenauswahl, die Bereitschaft, immer wieder neue Risiken einzugehen, Rollen zu spielen, die Herausforderungen bieten und die ihnen ein persönliches Weiterkommen ermöglichen. Haltung und Talent von Binoche und Bonnaire bringen sie mit den interessantesten Regisseuren des französischen Kinos zusammen. Sie erzählen, daß sie auf ihrem Weg vielleicht nicht dieselben Dinge gemacht haben, doch auf eine Art ähnliche, und daß dies prägt und verbindet. Sie sprechen von dem Gefühl, sich durch die Filme hindurch gut zu kennen. (Ebd.)

Juliette Binoche bekommt schon bald die Möglichkeit, in einem Film von Jean-Luc Godard mitzuwirken. Einer der damals großen Besetzungsfachmänner, Dominique Besnehard, signalisiert ihr 1984, daß Godard gerade dabei ist, seinen nächsten Film *Je vous salue, Marie* (Maria und Joseph) zu besetzen. Dominique Besnehard hat das Casting für so unterschiedliche Regisseure wie Jacques Doillon, Jean-Luc Godard und André Téchiné gemacht. Er hat zahllose Talente entdeckt und arbeitet heute bei einer der größten Filmagenturen in Frankreich. Besnehard betreut viele jüngere Schauspielerinnen, wie beispielsweise Sophie Marceau.

Die Probeaufnahmen von Juliette Binoche für Godard bleiben zunächst erfolglos. Sie eignet sich für keine der vorgegebenen Rollen. Aber der Regisseur ist von ihrem Spiel sehr angetan, und nur wenig später erhält sie einen Anruf: Godard teilt ihr mit, daß er eine Nebenrolle für sie geschrieben hätte, eine der Freundinnen von Joseph.

Maria und Joseph ist die Geschichte der unbefleckten Empfängnis, die Geschichte von Maria, die ihren Körper rein halten und die körperliche Lust bezwingen will. Das Unbegreifliche läßt sie geschehen: ein Kind zu gebären, ohne einen Mann je berührt zu haben. Ihr Freund Joseph versucht unablässig, sie »herumzukriegen« und beteuert ihr seine Liebe. Als Maria schwanger wird, ist seine Eifersucht grenzenlos: Er glaubt nicht an ihre Keuschheit, und nur allmählich gelingt es den Engeln, ihn zu überzeugen.

Juliette Binoche spielt »die andere«, eine Freundin, ein Mädchen von Joseph. Sie sucht in dieser Affäre gerade das, was Maria so hartnäckig verweigert: das körperliche Zusammensein, sie will Joseph verführen. Eifersüchtig beobachtet sie ihre Rivalin, der Josephs ganzes Interesse gilt.

Als sie ihm klarmachen will, daß jede Frau etwas Außergewöhnliches sein möchte, hört er ihr nicht einmal zu. Schließlich entscheidet er sich endgültig für Maria und verläßt »die andere«. Sie ist sicher, daß er ihren Körper nicht mehr begehrt, daß es das ist, was Mann und Frau letztlich zusammenhalten kann.

Ein wahrlich kurzer Auftritt für Juliette Binoche, aber ein Zusammentreffen mit Godard, das ein wichtiges Erlebnis für sie ist: nicht nur, weil er als einer der bedeutendsten Filmemacher der Nouvelle Vague gilt, einer der bekanntesten Regisseure des französischen Kinos ist und eine Mitwirkung in seinem Film förderlich für weitere Rollenangebote sein kann, sondern weil Juliette Binoche seine Arbeitsweise kennenlernt. Sie beobachtet die hohen Anforderungen, die er an seine Schauspieler stellt, die Genauigkeit seiner Vorbereitung – und lernt für die eigene Entwicklung.

Ihre nächste Rolle kann Juliette Binoche bei Jacques Doillon spielen: wieder eine Begegnung mit einem der großen Regisseure des französischen Kinos, eine wichtige Erfahrung und eine Chance mehr.

Die Dreharbeiten sind von der Atmosphäre gegenseitigen Vertrauens geprägt, und Juliette Binoche erlebt das als etwas sehr Wichtiges. Doillon verlangt von seinen Schauspielern eine intensive, präzise Arbeit, aber er fordert sanft, wie sie es nennt: »Die Schauspieler wissen, daß Doillon sie liebt, er ist jemand, der ins Ohr flüstert.« (J. B. in: REVUE DU CINÉMA 406/85) Das vermittelt ein Gefühl der Sicherheit, erlaubt es, Risiken einzugehen im Spiel. Juliette Binoche spricht von der Möglichkeit, bei Doillon auszubrechen, während sie bei Godard das Spiel eher zurückhalten mußte.

Um Juliette Binoche einsetzen zu können, änderte Jacques Doillon sein Drehbuch für *Vie de famille* (Der Mann, der weint). Eigentlich suchte er für den Film ein Mädchen im Alter von 14 oder 15 Jahren. Juliette Binoche setzte durch, daß sie trotz ihres Alters (sie war damals knapp 20) Probeaufnahmen machen konnte. Doillon erzählt, daß er sofort begeistert war und entschlossen, die Rolle mit ihr zu besetzen.

»Wir machten das Mädchen im Film älter und beendeten das Casting. Ich habe sie dann während der Dreharbeiten nur einige Tage erlebt, schließlich war es eine kleine Rolle, die sie spielte, doch während dieser Zeit erhielt ich die Bestätigung von dem, was ich seit den Probeaufnahmen wußte: daß sie gut war, intelligent und begabt. Sie hatte schon vorher gearbeitet, und das konnte man spüren, doch gleichzeitig hatte ihr Spiel etwas sehr Naives, das war eine sehr schöne Mischung. Ich finde es schön, wenn sich bei den jungen Schauspielern ein wenig Naivität erhält.« (Alle Zitate von Jacques Doillon sind einem Gespräch mit K. Blum aus dem Jahr 1994 entnommen.)

An der Seite von Sami Frey spielt Juliette Binoche eine jugendliche Ausreißerin: Emmanuel (Sami Frey) lebt mit seiner Freundin Mara (Juliet Berto) und deren jugendlicher Tochter

Juliette Binoche und Jacques Doillon bei den Dreharbeiten zu ›Une vie de famille‹ (Der Mann, der weint).

Natascha (Juliette Binoche) zusammen. Am Wochenende holt er seine eigene jüngere Tochter bei der Exfrau ab. An einem solchen Wochenende läuft Natascha nach einem Streit mit ihrer Mutter von zu Hause weg.

Gerade die Szene zwischen Mara und Natascha ist von großer Intensität. Die beiden Frauen sind dem Zusammenbruch nahe: Angestaute Gefühle kommen zum Ausbruch, bleiben dennoch größtenteils unterschwellig, sind aber in den Gesichtern ganz deutlich wahrzunehmen – Juliet Berto und Juliette Binoche sind in dieser Szene außerordentlich überzeugend.

Emmanuel macht sich auf die Suche nach Natascha, und er stöbert sie mit ihrem Freund in Cassis auf. Er versucht mit ihr

Sami Frey und Juliette Binoche in »Une vie de famille‹.

Sami Frey und Juliette Binoche.

zu sprechen und sie davon zu überzeugen, daß sie nach Hause zurückkehren soll. Sie streiten, doch Natascha findet den Freund der Mutter nicht unattraktiv; er macht seinen *Einfluß* geltend und holt sie zurück.

Doillon: »Diese Begegnung im Hotel zwischen Sami Frey und Juliette Binoche war eine schwierige Szene. Juliette ist es damals gelungen, wirklich ganz in diese Situation einzusteigen, sehr schnell und gut. Angesichts ihrer starken Präsenz und Glaubwürdigkeit in der Szene hatte Sami zunächst einige Schwierigkeiten mit seinem Part, aber dann ist es wunderbar gelaufen, sowohl für den einen als auch für den anderen. Das Zusammenspiel war sehr gut.«

Die Arbeit bei Godard und Doillon bildet eine wichtige Erfahrung für Juliette Binoche. Sie hat so die Möglichkeit bekommen, Arbeitsweisen von zwei großen und zugleich sehr unterschiedlichen Autor-Regisseuren des französischen Kinos kennenzulernen. Noch im selben Jahr kann sie in zwei weiteren Filmen mitwirken.

In *Les Nanas* von Annick Lanoë spielt Juliette Binoche das junge Mädchen Antoinette. Sie erwartet ein Kind von einem Mann, der nie für sie da ist, der ständig unterwegs ist und noch andere Freundinnen hat. Er läßt sich nicht auf eine feste Partnerschaft ein und ist offensichtlich nicht bereit, die Verantwortung für das gemeinsame Kind zu übernehmen. Antoinette klammert sich an diese Beziehung, sie ist ohne eine Aufgabe im Leben, die ihr eine unabhängige Position erlaubt. Als jüngste von vier Freundinnen ist sie ein wenig die Tolpatschige, die Unerfahrene: Unvorteilhaft gekleidet, in roten Strümpfen und schwarzer kurzer Hose die Rundungen ihrer Schwangerschaft betonend, fährt sie mit ihren Rollerskates zum Einkaufen, den Walkman auf den Ohren. Man hat Mühe, sich dieses Mädchen als Mutter vorzustellen. Betrachtet man die Probleme ihrer Freundin Christine (Marie-France Pisier), dann wirken Antoinettes Hoffnungen, gemeinsam mit dem untreuen Vater doch noch eine wirkliche Familie gründen zu können, besonders naiv: Als Christine erfährt, daß sie von ihrem Freund betrogen wird, bricht eine Welt für sie zusammen. Von den Männern ist eben nichts Gutes zu erwarten, selbst die, die so treu scheinen, sind nicht in der Lage, bei einer Frau zu bleiben. Antoinette hofft dennoch auf ein Wunder bei ihrem – erklärtermaßen – nach Freiheit strebenden Freund.

Die Freundinnen von Antoinette und Christine haben ähnliche Probleme. Es geht um verschiedene Generationen, unterschiedliche Frauentypen und dieselben Sorgen: Männer. Sophie, die einen Mann via Vermittlungsagentur sucht, Eliane, die auf ihren Beruf setzt und die Männer ganz abgeschrieben zu haben scheint, und Françoise, die nach vielen Enttäuschungen einen Schutzwall des Verständnisses aufgebaut hat.

Alle versuchen Selbstverwirklichung und eine *normale Beziehung* unter einen Hut zu kriegen. Alles dreht sich um Männer, und doch taucht kein einziger Mann auf in diesem Film – mit Ausnahme des Babys von Antoinette, ein Junge, hurra! Der Film greift die Idee des amerikanischen Spielfilms *The Women* (1939) von George Cukor auf: Frauen und ihre alltäglichen Sorgen um Mode, Make-up, Männer. Ein ironischer Blick, der liebevoll bleiben sollte, um zu gelingen. Doch in *Les Nanas* fehlen die Gelassenheit und der Charme, um mit einem sicher spannenden Thema umzugehen: dem Wunsch, Emanzipationsbestrebungen und Geborgenheit an der Seite eines Mannes zu vereinen.

In *Adieu Blaireau* von Bob Decout spielt Juliette Binoche an der Seite von Philippe Léotard. Sie ist B. B., die ehemalige Freundin von Fred, einem Verlierer, einem Spieler, der sein Leben nicht in den Griff bekommt. Sein ganzer Lebensinhalt ist B. B., und als sie ihn verläßt, bleibt er ohne jegliche Motivation, seine Lebenssituation zu verändern: Ohne ihre Liebe gibt er sich auf.

Philippe Léotard und Juliette Binoche in ›Adieu Blaireau‹.

Die Story schleppt sich dahin und erscheint verworren: Fred hat Spielschulden, er versucht unentwegt, an Geld zu kommen, um sie zu bezahlen. Er ist sogar bereit, einen Mord gegen Bezahlung auszuführen. Aber Fred hat kein Glück, seine Auftraggeber legen ihn herein, und er hat erneut die Schuldner im Nacken, die unerbittlich sind.

Die Darsteller haben es nicht leicht in dieser Geschichte, der jede Spannung fehlt, die Figuren zu retten und ihnen Leben zu geben. Aber dort, wo der Film es zuläßt, gelingt es dennoch: Juliette Binoche in der Rolle der B. B., ihr Hinundhergerissensein zwischen Zuneigung und Ablehnung für den Exfreund, die Erinnerung an die vergangene Liebe und die Gewißheit, daß sie mit ihm nicht leben kann, geschweige denn, ihn lieben.

Innerhalb des kurzen Zeitraums von einem Jahr hat Juliette Binoche in vier Filmen zielstrebig erste Schritte auf ihrem Weg als Schauspielerin verwirklichen können: Hartnäckig erprobt sie ihr Talent und lernt weiterhin in Schauspielkursen, wo sie das eigene Können perfektioniert und ausbaut. Sie hat sich eingesetzt für ihre Rollen, nicht selten hat sie sich diese erkämpft.

Godard, Doillon und andere haben ihr Spieltalent und ihre Ausdruckskraft erkannt und ihr eine Chance gegeben. Eine Chance, die die Persönlichkeit und die Besonderheit von Juliette Binoche deutlich macht.

Ihre spielerischen Möglichkeiten, ihre Persönlichkeit werden in einem Film in Szene gesetzt, der sicher für ihre schauspielerische Laufbahn nur wenig bedeutend ist, der aber einen Blick wirft auf ihre Individualität. Es ist ein Dokumentarfilm über den Modeschöpfer Thierry Mugler. Seine Modeschauen sind etwas Besonderes, sie gleichen einem riesigen Spektakel. Kurze Geschichten oder Bilder werden entworfen, um verschiedenartige Kleidung in einen Sinnzusammenhang zu bringen. Man hat den Eindruck, Bruchteilen von Theaterstücken beizuwohnen. Ein Vergleich, der nicht ganz so fern liegt, wenn man sieht, daß der Modeschöpfer auch Kostüme für Theaterinszenierungen entwirft (wie zum Beispiel für eine Inszenierung von »Macbeth«).

Seine Kleidung soll nicht verhüllen, sondern das Innenleben der Personen zeigen. »Ich setze Frauen in Szene«, sagt er über seine Modeschauen; sein Ziel ist es, durch die Kleidung, durch die Art und Weise der Präsentation die Persönlichkeit der Frauen hervorzuheben.

Für den Dokumentarfilm bietet man Thierry Mugler an, Juliette Binoche einzukleiden, ihr das Outfit zu wählen, das seiner Meinung nach zu ihr paßt. Wenn er von seiner ersten Begegnung mit der Schauspielerin erzählt – er nennt es Liebe auf den ersten Blick –, spricht er davon, daß sie für ihn etwas von der Jeanne d'Arc verkörpere.

Ganz in Weiß tritt sie dann auf, Juliette Binoche alias Jeanne d'Arc, rein und unschuldig spricht sie mit ihren unsichtbaren Henkern: »Alles, was ich gesagt habe, ist die Wahrheit.« In schwarzer Kleidung, kämpferisch steht sie auf den Anhöhen von Orleans, erzählt von den Schlachten, die sie für Frankreich gekämpft hat. Schließlich hält sie im Gefängnis, verarmt und geschmäht, Zwiesprache mit dem Tode. Es ist ein Gesicht, das für wenige Augenblicke vergessen läßt, daß es sich hier eigentlich um einen Film über den Modeschöpfer handelt, man meint einem Spektakel, einer Inszenierung von Jeanne d'Arc beizuwohnen.
Es sind nur einige ganz kurze Sequenzen, Auftritte, die beinahe bewegungslos bleiben, begleitet von einem Monolog, dessen Tragik in den Augen zum Ausdruck kommt.
Text, Emotionen und ein Gesicht – das ist die Szenerie für die Kleidung der Jeanne d'Arc.

Seit diesen frühen Anfängen hat Juliette Binoche einen erfolgreichen Weg zurückgelegt; einige Filme verdanken ihrer Leistung, ihrer Ausstrahlung einen Großteil des Erfolgs. Brigitte Desalm bezeichnet jeden Film als vielversprechend, in dem Juliette Binoche mitspielt, »seit ein paar Jahren die aufregendste Schauspielerin des europäischen Kinos« (in: KÖLNER STADT-ANZEIGER vom 7.9.93).
Nur ein Jahr nach den Arbeiten mit Jean-Luc Godard und Jacques Doillon spielt Juliette Binoche bei André Téchiné in *Rendez-Vous* ihre erste Hauptrolle. Philip Kaufmans Verfilmung von Milan Kunderas Roman *The Unbearable Lightness of Being* (Die unerträgliche Leichtigkeit des Seins) wird für Juliette Binoche wenig später zum internationalen Durchbruch. Ihrer Darstellung in dem Epos des Jungregisseurs Léos Carax *Les amants du Pont Neuf* (Die Liebenden von

Pont Neuf) verdankt sie den Preis als beste europäische Schauspielerin. Schließlich sind es insbesondere ihre Arbeiten mit Regisseuren wie Louis Malle bei *Damage* (Verhängnis) und Krzysztof Kieslowski bei *Trois couleurs: Bleu* (Drei Farben: Blau), die für sie zu einem erfolgreichen Erlebnis werden. Mit Recht erhält sie für ihre Darstellung in *Trois couleurs: Bleu* in Venedig 1993 den Preis als beste Darstellerin und 1994 den französischen Filmpreis César für diese Rolle.

Premieren

Die erste Hauptrolle

Cannes 1985: Das Publikum honoriert das Spiel von Juliette Binoche in dem Film *Rendez-Vous* von André Téchiné (der den Preis für die beste Regie erhält) mit Standing Ovations. Die junge Schauspielerin wird zum Ereignis des Festivals und noch im selben Jahr erhält sie den Romy-Schneider-Preis, einen Preis, den französische Journalisten – zusammen mit dem männlichen Pendant, dem Jean-Gabin-Preis – alljährlich an eine herausragende Schauspielerin vergeben.

Es ist die erste Hauptrolle für Juliette Binoche, für sie die erste Möglichkeit, ihr Talent voll unter Beweis zu stellen.
Die Presse in Frankreich feiert sie als die große Entdeckung des Jahres, als eine vielversprechende Hoffnung. Man bezeichnet sie als die neue Legende des französischen Kinos.
Die Rolle der Nina in *Rendez-Vous* verkörpert Juliette Binoche mit großer Intensität und Energie. Sie gibt der Rolle eine Frische, die von beinahe kindlicher Naivität zu sein scheint und die, ohne im eigentlichen Sinne provinziell zu wirken, gleichermaßen Unschuld und Lebenslust in sich birgt.
Nina kommt aus der französischen Provinz nach Paris, um sich hier ein eigenes Leben aufzubauen. Sie will ihr Glück als Schauspielerin versuchen. Neugierig saugt sie die Großstadt in sich auf.
In einer Wohnungsagentur lernt sie den Angestellten Paulot (Wadeck Stanczak) kennen. Er ist sofort von ihrem Charme eingenommen, und sie schenkt ihm eine Freikarte für das Stück, in dem sie eine kleine Nebenrolle ergattern konnte.
Die Geschichte entwickelt sich im Eiltempo, alles geht schnell, eine Szene scheint die andere zu jagen: Paulot kommt abends ins Theater und besucht Nina anschließend in der Garderobe. Sie nimmt ihn mit zu sich nach Hause, hier

Nina versucht ihr Glück als Schauspielerin in Paris (›Rendez-Vous‹).

kommt es zum Streit mit ihrem Freund – kurz entschlossen packt Nina ihre Sachen und geht. Paulot bietet ihr an, bei ihm zu übernachten. Als sie bei ihm ankommen, treffen sie auf Paulots Mitbewohner Quentin (Lambert Wilson). Der ist dagegen, daß Nina bleibt, sie geht, um in einem Hotel zu übernachten – alleine.

Die Begegnung zwischen Nina und Quentin ist jedoch mehr als ein kurzes Zusammentreffen. Diese Blicke, mit denen Quentin Nina betrachtet, eine Mischung aus Ablehnung und Interesse, irgend etwas liegt in der Luft, irgend etwas ist mit Nina passiert.

Am nächsten Morgen taucht Quentin im Hotel auf, er vergewaltigt Nina fast, doch sie wehrt sich erfolgreich. Abends wartet er in der Theatergarderobe auf sie, drückt sich selbst ein Messer an die Kehle: »Willst du mit mir schlafen? – Ja oder nein? Wenn du nein sagst, schneide ich mir die Kehle durch!« Nina ist entsetzt, sie hat Angst und schreit ihn an, damit aufzuhören. Dann nimmt er sie mit zur Aufführung, in der er spielt: »Romeo und Julia«, als Sexshow aufgemacht. Angewidert verläßt Nina den Raum.

Aber Quentin läßt sie nicht mehr los, es hat etwas begonnen, dem sie nun nicht mehr ausweichen kann. Gewalt und Leidenschaft wechseln sich ab. Quentin fordert Nina ganz, bringt sie an emotionale und physische Grenzen. Zwischen Abneigung und Anziehung läßt Nina sich immer weiter mit ihm ein. Das bislang neugierige und naive Mädchen ist auf dem Weg, erwachsen zu werden. Der Lebenshunger und die Aktivität Ninas werden von Ängsten überschattet, die sie vor ihrer Begegnung mit Quentin nicht kannte. Existenzängste: Was soll sie machen? Im Theater hat sie gekündigt, Quentins höhnische Vorwürfe über die Mittelmäßigkeit des Stücks und die Nichtigkeit ihres kurzen Auftritts haben ihre Wirkung getan. Seine kontinuierliche Kritik konfrontiert Nina zunehmend mit ihren Hoffnungen und Zweifeln als Schauspielerin.

Und dann stirbt Quentin. Unfall oder Selbstmord? Quentins verletzende Worte, sein Getriebensein, das hämische Lachen, mit dem er anderen Menschen begegnete, mit dem er Nina verletzte, das waren Zeichen seiner Verzweiflung. Er drängte förmlich danach, sich selbst zu zerstören. Er wollte keine Freunde, keine Nähe, keine Gefühle und Bindungen. Seine Härte und seine Verschlossenheit haben jedoch Ninas Interesse nur verstärkt, sie glaubt ihn zu lieben. Nach seinem Tod versucht sie zu verstehen, erst jetzt gelingt eine Annäherung: Bei der Beerdigung von Quentin trifft sie Scrutzler (Jean-Louis Trintignant). Er ist Theaterregisseur und kennt Quentin von früher. Scrutzler erzählt Nina, daß Quentin sterben wollte, daß man »jemanden, der den Tod sucht, nicht retten kann«. Er erzählt Nina, was passiert ist: Quentin hatte gemeinsam mit Scrutzlers Tochter Selbstmord begehen wollen.

Paulot ist in Nina verliebt …

... doch sie fühlt sich zu Quentin hingezogen.

Die beiden hatten in ihrem jungen Leben alles erreicht, was sie sich wünschen konnten: Erfolg und die Illusion einer vollkommenen Liebe. Dieses gemeinsame Glück hätte durch nichts übertroffen werden können, und sie wollten es festhalten im Tod. Aber Quentin überlebte damals den absichtlich herbeigeführten Autounfall. Nun hätte er diesen Tod nachgeholt.

Mit diesem *perfekten* Liebespaar hatte Scrutzler »Romeo und Julia« inszenieren wollen. Als er Nina trifft, sieht er in ihr die neue Julia. Mit ihr wird er eine neue Inszenierung versuchen. Diese Rolle ist eine große Chance für Nina, eine Chance, die sie nicht verpassen will. Sie arbeitet hart, und die Rollenvorbereitung nimmt sie ganz in Anspruch. Plötzlich erscheint ihr der tote Quentin. Er wirft ihr vor, daß sie niemals in der Lage sein würde, die Julia zu spielen. Sie könne es nicht, da sie noch nie geliebt habe, weil sie nicht wisse, was wirkliche, tiefe Liebe bedeute. Mit diesen Anklagen faßt Quentin Ninas Furcht vor der Rolle in Worte. Sie ist gezwungen, ihrer eigenen Unsicherheit ins Auge zu sehen. Bei der Probe mißlingt ihr eine Liebesszene, sie versteht nicht, was sie spielt, versteht die Gefühle von Romeo und Julia nicht. »Warum lieben die sich«, fragt sie und findet keine Antwort. Oder doch? Sie hat Quentin geliebt, aber Quentin ist tot.

Sie versucht, wegzulaufen, zu vergessen – nur nicht nachdenken. Sie sucht Paulot auf, Paulot, der sie seit dem ersten Augenblick geliebt hat, aber verletzt ist durch ihre Affäre mit Quentin. »Du willst, daß man dich liebt«, wirft er ihr vor, »aber du bist nicht bereit zu lieben. Die Liebe aber gibt es nicht in deinem Theater, sondern nur im Leben.« Nina bleibt alleine, ist wieder den Anklagen Quentins und ihren eigenen Gefühlen ausgeliefert.

Mit aller Kraft versucht sie sich auf die Rolle der Julia vorzubereiten. Vielleicht liegt hier eine mögliche Lösung, ein Ausweg …

Aber die Rolle fordert viel, Nina fühlt sich überfordert und einsam. Sie flüchtet zu Paulot, sucht Anerkennung, Bestätigung. Doch vor der Aufführung kann ihr niemand helfen, die Angst kann ihr keiner nehmen, es ist ihr Spiel, und sie wird ganz alleine sein, sobald sich der Vorhang hebt …

Juliette Binoche *ist* Nina, sie gibt ihr diese Energie, mit der sie nach jeder Enttäuschung wieder aufsteht, sich erneut ans Werk macht. Atemlos wird man zum Betrachter dieser unermüdlichen Darstellung, die jeder Filmsekunde dieselbe Kraft und Energie zu geben vermag. Juliette Binoche macht die Entwicklung Ninas erkennbar, ihre Spontaneität und Fröhlichkeit, ihren Wunsch, glücklich zu sein, und dann ihr allmähliches Erwachen durch die Konfrontation mit Quentin. Im Gesicht von Juliette Binoche spiegelt sich behutsam dieses bunte Durcheinander widerstreitender Gefühle. Und am Ende, dann, wenn Nina kurz vor dem Auftritt steht, spürt man förmlich die ganze Verzweiflung und Einsamkeit dieses einen Moments, dieser Sekunden zwischen Himmel und Hölle.

Das Angebot für diese Rolle kam erst kurz vor Drehbeginn. André Téchiné hatte Probeaufnahmen von ihr gesehen, die sie für *Hors-la-loi* von Robin Davis gemacht hatte. Ein Film, in dem sie schließlich nicht spielte. Téchiné war begeistert. Es blieb nur wenig Zeit, sich auf die Rolle vorzubereiten, doch nicht die Zeit an sich macht die Intensität der Vorbereitung aus, entscheidend ist, daß die Rolle erfaßt wird und aus der vorgegebenen Figur eine persönliche Darstellung erwächst. Und Juliette Binoche betont, daß sie die Figur der Nina sofort geliebt habe. Besonders wichtig war jedoch das gute Verhältnis zu André Téchiné. Er hat ihr vertraut, hat ihr zu einem Zeitpunkt, da sie noch keine großen filmischen Erfahrungen aufweisen konnte, eine eigene, tastende Annäherung an die Rolle ermöglicht. »Er hat so eine einfache Art, bestimmte Dinge von seinen Schauspielern zu verlangen, daß man Lust hat, ihm alles zu geben.« (J. B. in: CINÉ – TÉLÉ – VIDÉO 59/86) Allerdings bringt ein in solchem Maße begrenzter Zeitraum für die Dreharbeiten auch Probleme. Juliette Binoche erzählt von ihren Schwierigkeiten, Szenen zu drehen, in denen sie über Quentin reden soll oder an ihn denken, ohne den Darsteller, Lambert Wilson, zu kennen. Der Film wurde schließlich nicht chronologisch abgedreht, und die Schauspieler hatten teilweise unterschiedliche Drehzeiten. Damals bestand Juliette Binoche darauf, Wilson kennenzulernen, um den Szenen Intimität und Wahrheit zu verleihen.

Ebenso wie Juliette Binoche sich rasch vorbereiten muß auf die Rolle, so sind die ganzen Dreharbeiten von einer gewissen Eile geprägt: Ein wenig getrieben ist Téchiné, er hat lange nicht gefilmt, will die Arbeit jedoch durch nichts verzögern lassen. In weniger als zwei Monaten wird der Film fertiggestellt.

Diese Schnelligkeit findet man im Film wieder. Die unmittelbare Aufeinanderfolge der Szenen, zeitliche Vorgriffe; einzelne Entwicklungen bleiben teilweise zunächst ohne Erklärung: Nina kommt in Paris an – Schnitt – Nina spielt in einem Stück, eine winzige Rolle. Arbeitssuche, Entwicklungen etc. bleiben zunächst ausgespart, werden später nachgeliefert.

Als Juliette Binoche den Film beendet hat, ist sie in einer ähnlichen Situation wie Nina: am Anfang einer möglichen Karriere. Von Nina wissen wir nicht, ob ihre Darstellung erfolgreich ist, von Juliette Binoche in *Rendez-Vous* wissen wir es. Nicht nur in Cannes ist das Publikum begeistert von der jungen Schauspielerin, auch das französische Kinopublikum applaudiert. Regisseure wie Louis Malle und Jacques Doillon unterstreichen, daß Juliette Binoche in dem Film außergewöhnlich gute Momente hat – und ihre Rolle in *Damage* (Verhängnis) verdankt sie nicht zuletzt dieser Darstellung, denn Louis Malle erzählt, daß er sich an ihr Gesicht und ihren Auftritt aus *Rendez-Vous* erinnerte, als er eine geeignete Besetzung suchte.

Ein erfolgreicher Anfang. Als man ihr in Cannes sagt, sie solle sich nicht verändern, solle so bleiben, wie sie ist, da kann sie nur lachen: Sie ist 20 Jahre alt, steht am Beginn ihrer Laufbahn, alles ist offen, nichts ist entschieden, natürlich wird sie sich verändern, wird eine Entwicklung durchmachen, von der dann viele interessante Filme zeugen. Und liegt nicht gerade in der Veränderung ein Teil ihrer schauspielerischen Qualität? Sich mit den Rollen entwickeln, aus den Erfahrungen und Veränderungen schöpfen für die nächsten Filme?

Zwischenspiele

Nur ein Jahr nach ihrem Triumph bei den Filmfestspielen in Cannes wird Juliette Binoche für den César als beste Schauspielerin des Jahres nominiert: Überzeugt hatte ihre Darstellung der Anna in *Mauvais sang* (Die Nacht ist jung) von Léos Carax. Carax hatte mit seinem ersten Film *Boy Meets Girl* die Aufmerksamkeit von Kritik und Publikum geweckt. Später wird er Juliette Binoche durch *Les amants du Pont Neuf* (Die

Juliette Binoche in der Rolle der Nina.

Liebenden von Pont Neuf) zu einem durchschlagenden Erfolg verhelfen (siehe Kapitel: Ein Festival der Bilder).
Bei dieser Nominierung geht es um den César für die beste weibliche Darstellung, und das zu einem Zeitpunkt, da sie hinsichtlich ihrer Filmkarriere durchaus für die Kategorie der *besten Debütantin* hätte nominiert werden können, so wie So-

phie Marceau 1983 (»Junge Hoffnung«) für ihre Rolle in *La Boum* oder Sandrine Bonnaire (»Beste Debütantin«) für ihre Darstellung in *A nos amours.*

1987 und 1989 spielt Juliette Binoche in zwei französischen Produktionen, beide das Spielfilmdebüt eines Theaterregisseurs: *Mon beau frère a tué ma sœur* von Jacques Rouffio und *Un tour de manège* von Pierre Pradinas.

Zwei Filme, die keine nachhaltige Wirkung hinterlassen und die auch nicht das große Kinopublikum erreichen, die jedoch einen interessanten Blick auf das Spiel von Juliette Binoche zulassen. Darauf, wie sie bekannte Spielweisen zu intensivieren versteht und wie sich mögliche Entwicklungen andeuten.

Bei Jacques Rouffio hat Juliette Binoche die Gelegenheit, an der Seite von Michel Piccoli und Michel Serrault zu spielen. Es ist eine Rolle, die sich vollkommen von ihrer Darstellung in *Rendez-Vous* unterscheidet – einen Bruch mit dem Vorherigen nennt es Juliette Binoche. Es handelt sich nicht um ein junges Mädchen, das mit seinem Schicksal konfrontiert wird und eine schwierige innere Entwicklung durchmacht, sondern um eine Person, die selbst manipuliert. Das reizt Juliette Binoche, weckt ihr Interesse. »Und dann gab es natürlich die Anwesenheit von Piccoli und Serrault ...«, betont sie.

Juliette Binoche spielt eine junge Frau, Esther, die etwas durchgedreht und leicht verrückt wirkt. Sie erzählt zwei befreundeten Schriftstellern, Etienne (Michel Serrault) und Octave (Michel Piccoli), ihre Schwester sei von ihrem Schwager getötet worden. Etienne tut dies zunächst als eine ihrer Phantastereien ab, stellt jedoch dann gemeinsam mit Octave Untersuchungen an. Nach vielen Verwicklungen kommt es zu einem Geständnis des Täters, und die Freunde verlassen Paris.

Trotz der hervorragenden Besetzung kommt die Geschichte nicht recht in Gang, die Handlung schleicht mehr, als daß sie einen angemessenen Rhythmus findet.

Juliette Binoche zögert nicht, nach eigenen Unzulänglichkeiten zu suchen, mögliche Fehler zu erkennen, daraus zu lernen. Sie erzählt, daß sie ihrer Meinung nach die Vorbereitungszeit bei weitem nicht ausreichend genutzt habe.

»Esther ist eine zwiespältige und schwierige Person, sie ist gleichzeitig unermüdlich und kohärent in ihrer Verrücktheit. Dem hätte ich mehr gerecht werden sollen, hätte den ganzen Film hindurch einen Bogen spannen müssen.

Statt dessen habe ich so von Tag zu Tag gespielt. Wenn ich den Film sehe, dann merke ich, es gibt Momente, die sehr gut funktionieren, und andere, in denen überhaupt nichts geht.« (J. B. in: PREMIÈRE 108/86)

Dennoch weisen einzelne Szenen durchaus Spannung auf, überzeugen in ihrer Komik und deuten eine clowneske Seite von Juliette Binoche an. Wenn sie zum Beispiel mit zusammengekniffenen Augen und einem angestrengten Gesichtsausdruck hinterm Steuer sitzt und mit dem Wagen durch die abendlichen Straßen von Paris rast, scheinen die Gesichtszüge irgendwo zwischen kindlicher Naivität und Wahnsinn zu verharren.

Mit ihrer Darstellung in *Un tour de manège* knüpft Juliette Binoche wieder eher an die Figur aus *Rendez-Vous* an: Auch in dem Film von Pierre Pradinas spielt sie ein junges Mädchen auf der Suche nach sich selbst, auf der Suche nach Möglichkeiten, einen eigenen Lebensweg zu gehen. Im Mittelpunkt steht der Versuch, sich loszulösen von einem Mann, mit dem es nicht gelingt, eine dauerhafte Zukunftsperspektive zu entwickeln.

Es ist ein Film, der sicher mit einigen Schwächen zu kämpfen hat, dessen Story jedoch Interesse erweckt und dessen Protagonisten in ihrem Charme überzeugen.

Al (François Cluzet) ist verzweifelt; die Frau, die er geliebt hat, ist fort, hat ihn verlassen. Nur daran kann er denken, nichts kann ihn ablenken oder gar trösten. Es dauert lange, bis diese Frau auftaucht im Film, bis ihr Lachen und ihre Tränen die Leinwand erfüllen. Und doch scheint sie von der ersten Einstellung an gegenwärtig zu sein. Ihre räumliche Abwesenheit verstärkt nur ihre Präsenz. Durch seine Tränen hindurch sieht Al ihr Gesicht in seinem Bierglas, eine Erinnerung. Am Telefon eine Stimme, Fotos an der Wand, ein Name: Elsa.

Man sieht sie nicht, die Frau, die Al liebt, man sieht nur sein Leiden und die Einsamkeit, die ihn umgibt, seit sie fort ist. Und dann ist sie auf einmal da, steht vor ihm, ohne etwas zu sagen. Der Name wird zu einem Gesicht, zu einer Frau: Elsa, Juliette Binoche. Sie schaut ihn an und lächelt. Ein kurzes Lächeln, einen Augenblick lang glaubt man daran, daß alles gut wird … Aber Elsas Gesicht verrät, was man bereits ahnt: Diese Liebe hat keine Chance.

Der Film erzählt von dem Versuch, sich zu lieben, ein Leben zu leben, das von enormen Schwierigkeiten und Sorgen überschattet ist. Geldsorgen und das Fehlen von Lebensperspektiven bestimmen den Alltag, Al und seine Freunde versuchen Auswege zu finden, sie gehören zu dieser Generation, die immer wieder neue Pläne macht, um an das eher mittelgroße Geld zu kommen. Jeder einzelne ist vom Erfolg seiner grandiosen Ideen felsenfest überzeugt, doch immer wieder mißlingt alles. Aber sie besitzen Ausdauer und die Fähigkeit, nicht aufzugeben und immer wieder aufzustehen. Fassungslos sehen sie, daß ihre Umwelt nicht mit dem gleichen Enthusiasmus jedes neue Projekt begrüßen kann, daß die anderen müde werden, an den Erfolg zu glauben.

Die Verwicklungen sind jedoch zu vielfältig, um eine durchgängige Spannung im Film aufrechtzuerhalten. Oft schleppt sich die Geschichte dahin, und dadurch bleibt das Bild dieser Generation unvollständig, das Hinundhergerissensein zwischen Hoffnungslosigkeit und Mut bleibt Andeutung.

Daß es dennoch gelingt, einen Teil dieses Lebensgefühls zu vermitteln, ist nicht zuletzt das Verdienst sehr guter Schauspieler und einer guten Zusammenarbeit mit dem Regisseur. Einige der Akteure kommen von der Theaterproduktion von Pierre Pradinas, der »Compagnie du Chapeau Rouge«. Auch

Elsa schwankt zwischen Zukunftsängsten und dem Versuch zu leben, ein wenig Glück zu ergattern (›Un tour de manège‹).

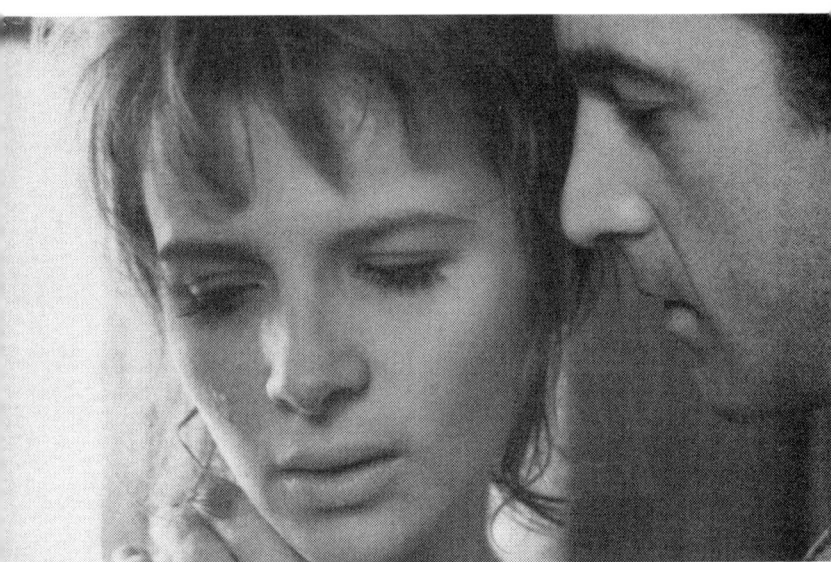

Elsas Tränen vermag Al nicht wirklich zu trocknen ... Juliette Binoche und François Cluzet in ›Un tour de manège‹.

Juliette Binoche kannte Pradinas schon lange vor diesem Film, seine Theaterinszenierungen hat sie immer sehr bewundert. Als er ihr die Rolle vorschlägt, sagt sie gerne zu. Sie hat Lust, mit ihm zusammenzuarbeiten, und das Projekt, einen kleinen unaufwendigen Film zu drehen, dem keine großen Gelder zur Verfügung stehen, interessiert sie. – Ein Wink auf die enorm aufwendige Produktion von *The Unbearable Lightness of Being* (Die unerträgliche Leichtigkeit des Seins), die sie kurz vor *Un tour de manège* beendet hat?

Die Darstellung überzeugt besonders da, wo Gefühle spürbar und Stimmungen eingefangen werden: die Verzweiflung von Elsa, Al und den anderen, ihre Verzweiflung über das Leben, das sie führen, am Rande einer Gesellschaft, in der Verlierer keinen Platz haben.

Ihr Alltag bliebe dementsprechend traurig und karg, wäre da nicht immer wieder der Versuch, einzelne Momente zu ge-

nießen, sie auszukosten, einfach so. Zum Beispiel, wenn Elsa
die sündhaft teure Gänseleberpastete stiehlt, sich wunder-
schön macht und sich dann gemeinsam mit Al in der Illusion
wiegt, daß sie teilhätten an dem Reichtum, daß ihnen ein
Stückchen vom Kuchen zufalle. Aber – und das macht den
Charme und die Ehrlichkeit ihres Daseins aus – sie vollenden
eine solche Imitation nicht, essen die Reste dieser Pastete
schließlich mit den Fingern, sind ausgelassen, bleiben sich
selbst treu.
Aber die Liebe von Al und Elsa kann nicht bestehen, sie
scheitert an Als Unfähigkeit, über das Hier und Jetzt hinauszuschauen; seine unablässigen Versuche, an Geld zu kommen, bleiben ohne Perspektive. Er versteht nicht, daß die
Liebe einen Raum braucht, ein Morgen. Elsa muß es ihm

Die Liebe von Elsa und Al kennt keine Zukunft

nicht sagen, er weiß es, der Zuschauer kann es spüren: Mit Al wird kein Zusammenleben gelingen, nie.

Als er eine Rolle beim Film bekommt, die seine Lebenssituation kurzfristig verbessern wird, als alle meinen, er habe gewonnen, wissen Elsa und Al, daß er verloren hat, daß Elsa ihn verlassen wird ... und diesmal endgültig.

Juliette Binoche gibt der Figur der Elsa eine Mischung von Lebenslust und Zukunftsangst. Es ist ein Spiel zwischen alltäglichen Späßen und ernsten Überlegungen, zwischen dem Dasein als jungem Mädchen und den Wünschen einer erwachsenen Frau, die auf der Suche ist nach ihrem Leben und nach der Liebe.

Mit dieser Darstellung deutet Juliette Binoche an, was in späteren Filmen zur Vollendung kommt: eine Frau, die geliebt wird von einem Mann, deren eigene Emotionen jedoch zurückhaltend bleiben. Sie bleibt außerhalb der gefühlsmäßigen Verwicklungen und erscheint beinahe unbeteiligt an der Liebe, die man ihr entgegenbringt. Zu schön sei sie, sagt Al, viel zu schön, und ein Verehrer prophezeit, sie werde Unheil anrichten. Dabei scheint sie ganz und gar unschuldig: Sie will doch nur leben, ein bißchen Glück finden und nicht immer wieder versprochene Traumschlösser einstürzen sehen.

Eine Frau, die sich niemals ganz offenbart, die immer ein wenig geheimnisvoll erscheint. Vieles von ihren Wünschen und Überlegungen bleibt verborgen und wird nicht im Detail erzählt, höchstens angedeutet.

Um auf Elsas Zukunftssorgen hinzuweisen, muß zum Beispiel die Frage an Al genügen, was nach dem Heute kommt. Das, was wirklich in ihr vorgeht, erzählen die Veränderungen ihrer Gesichtszüge, das Lachen begleitet von clownesken Bewegungen, das den Wunsch spiegelt, teilzuhaben an einem glücklicheren Leben, oder die Tränen, die Hoffnungslosigkeit und Angst spüren lassen.

Es ist eine Rolle, die erneut (nach *Rendez-Vous*) darauf hinweist, welchen Reichtum Juliette Binoche jenen Zwischenräumen der Sprache zu geben vermag.

Hollywood

Der internationale Durchbruch jedoch gelingt Juliette Binoche mit ihrer Darstellung in *The Unbearable Lightness of Being* (Die unerträgliche Leichtigkeit des Seins) von Philip Kaufman.

Eine Hollywood-Produktion, eine Arbeit in einem Land, in dem ihre (französischen) Erfolge bis zu diesem Zeitpunkt

Die Natürlichkeit von Teresa überzeugt in jeder Filmsekunde …

kaum bekannt sind. Als Juliette Binoche dann in Amerika ist, um den Film von Kaufman vorzustellen, hat sie einen ausgebuchten Terminplan nach amerikanischer Manier: Interview-Termine, Fototermine, Fernsehsendungen, jeder will etwas wissen über die junge Schauspielerin, über ihre Vergangenheit und ihre Pläne. Amerika, der große Traum? Nein, sagt Juliette Binoche. Sicher, zu Anfang hat sie den Rummel genossen, war neugierig auf viele neue Eindrücke und weiß, daß es ein schönes Privileg ist, überall freundlich empfangen zu werden. Aber der Medienmarathon ist zuviel, wird schnell unerträglich.

»Es sind immer wieder dieselben Fragen, die man beantwortet. Man versucht, Varianten zu finden – wäre es auch nur, um sich selbst zu überraschen. (...) Wenn man am laufenden Band Interviews gibt, endet das schnell mit einer völligen Ablehnung. Manchmal hatte ich nur noch Lust, das Mikrophon zu nehmen und es gegen die Wand zu werfen. (...) Von Hollywood habe ich nicht geträumt; wenn ich für diesen Mythos empfänglich gewesen wäre, dann hätte ich die zwei Wochen vielleicht anders erlebt.« (J. B. in: STUDIO MAGAZINE 12/88)

Quasi über Nacht wird Juliette Binoche berühmt. Die Verfilmung des gleichnamigen Romans von Milan Kundera läuft 1987 in der ganzen Welt, und überall wird die überzeugende Darstellung der Teresa durch Juliette Binoche bewundert.

Im Mittelpunkt des Films stehen die Gefühle dreier Menschen, die durch Liebe, Hingabe und Leidenschaft verbunden sind. Eine Liebesgeschichte in Prag 1968, eingebettet in die historische Situation des *Prager Frühlings* und der gewaltsamen Beendigung eines »Sozialismus mit menschlichem Antlitz« durch den Einmarsch russischer Truppen in die Stadt. Russische Panzer und Waffen, journalistische Zensur in Prag, internationales Desinteresse als Rahmen der individuellen Schicksale.

Der Film greift die Romanvorlage auf, setzt jedoch andere Akzente. Der Roman erzählt eine Liebesgeschichte und fragt nach dem Sinn menschlicher Existenz, nach der Bedeutung

Der Prager Frühling findet durch den Einmarsch russischer Truppen in die Stadt ein jähes Ende.

des Zufalls für den Lebensweg des einzelnen. »Man kann im Leben nicht experimentieren, um herauszufinden, welcher Weg der bessere ist«, das ist Leitgedanke der Erzählung. Politische Geschehnisse und Gefühle der Protagonisten bilden Teilaspekte der komplexen Liebesgeschichte(n); der Film hingegen schafft durch die Reduzierung auf diese beiden Aspekte einen – scheinbar – neuen Zusammenhang.

Dokumentarische Aufnahmen von dem Einmarsch russischer Truppen in Prag werden mit nachgestellten Schwarzweißbildern vermischt.

Eine Verquickung von persönlicher Love Story und politischem Hintergrund wird angedeutet. Dann aber bleibt es bei der Andeutung, es findet keine Verschmelzung statt, die es tatsächlich erlauben würde, emotionale Reaktionen aus der politischen Lage heraus zu erklären. Die Ereignisse bilden den Auslöser für Ortswechsel und die Veränderung der Lebenssituation, aber das Geschehen, in dem sich die Figuren bewegen, bleibt ihnen fremd. Da nützt es auch nichts, daß dokumentarische Aufnahmen mit nachgestellten Schwarzweiß-Bildern vermischt werden und die Personen via Montage direkt in die Geschehnisse jenes *Prager Frühlings* gerückt werden.

50

Die politische Flucht der beiden Protagonisten in die Schweiz wird nicht wirklich zum politischen Exil, die Liebesgeschichte wird nicht glaubwürdig mit der politischen Lage in Verbindung gebracht.

Was bleibt, ist die Liebesgeschichte zwischen Teresa und Tomas: Teresa kommt aus der Provinz nach Prag, sie ist Tomas (Daniel Day-Lewis) gefolgt, dem Mann, den sie einmal nur kurz gesehen hat, mit dem sie sich verbunden fühlt – aus Liebe.

Man wird an die Nina aus *Rendez-Vous* erinnert, diese Mischung aus provinzieller Naivität und dem Erwachsenwerden in einer neuen Umgebung und Situation.

Die Gefühle Teresas für Tomas bestimmen all ihre Handlungen, sie prägen ihre gesamte Entwicklung und Selbstfindung.

Juliette Binoche und Daniel Day-Lewis in ›Die unerträgliche Leichtigkeit des Seins‹.

Tomas, ein angesehener Gehirnchirurg, hat die Liebe aus seinem Leben verbannt, seine Beziehungen zu den Frauen sind rein sexuell, keine Gefühle, sondern Bettgeschichten. Insbesondere mit Sabina (Lena Olin) pflegt er eine solche Verbindung. Sabina ist Malerin, verliebt in ihren eigenen Körper,

Teresa fällt dem Gehirnchirurgen Tomas auf bei einer kurzen Erholung im Schwimmbad des Krankenhauses, wo sie arbeitet.

Nachdem Tomas Teresa kennen- und liebengelernt hat, bricht er seine Beziehung zu Sabina nicht ab (Lena Olin und Daniel Day-Lewis).

verliebt in Sex. Sie versteht Tomas und teilt seine Wünsche. Ebenso wie er neigt sie dazu, verschiedene Bekanntschaften zu haben, Beziehungen, die ohne tiefere Gefühle bleiben. Und doch scheinen beide mehr zu suchen, mehr Gefühl, mehr Zärtlichkeit. Als Sabina einmal ihre Koffer packt, um dem Mann zu entfliehen, der sich aufrichtig in sie verliebt hat, scheint eine gehörige Portion Angst die Flucht zu motivieren. Als Tomas Teresa kennenlernt, zerbröckelt seine bisherige Lebensmaxime allmählich. Mit Teresa verbindet ihn mehr, Liebe vielleicht. Mit ihr bricht er seine Regeln: Anstatt sich nur in großen Zeitabständen und dann immer nur sehr kurz, eine Nacht höchstens, mit den Frauen zu treffen, läßt er Teresa länger bleiben. Sie zieht bei ihm ein, vorläufig, dann bleibt sie. Dennoch hat er weiterhin andere Frauen, er meint, zu trennen zwischen Sex und Liebe. Das gemeinsame Leben für Teresa und Tomas beginnt gerade, als russische Panzer in Prag einmarschieren. Als Fotografin der Ereignisse des *Prager Frühlings* scheint Teresa sehr schnell erwachsen zu werden: Entsetzen über den Einmarsch der Warschauer-Pakt-Truppen, Entsetzen darüber, daß ihre Fotos, die Bilder, die die Gewalt dokumentieren sollten, dazu dienen, die vermeintlichen Aufrührer zu identifizieren. Und Entsetzen schließlich, als sie in ihrem Schweizer Exil, in diesem so freien Land, nackte Frauenleiber oder Kakteen fotografieren soll – ausgerechnet Kakteen! Die Unfreiheit des Exils.

Tomas kann in der Schweiz eine angesehene Stellung erhalten, seine berufliche Situation hat sich eher verbessert als verschlechtert, und mit den Frauen pflegt er dieselben mannigfaltigen Beziehungen wie in Prag. Er trifft sich weiterhin mit Sabina und anderen Frauen.

Teresas Gefühle für Tomas bleiben unverändert, doch wird sie sich in diesem Land, in dem sie fremd bleibt, ihrer emotionalen Abhängigkeit zunehmend bewußt. Sie kann nicht hier leben, wo sie gänzlich von Tomas abhängig ist, gefühlsmäßig und existentiell. Ihre ganze Schwäche wird ihr deutlich, und sie kehrt nach Prag zurück.

Tomas folgt ihr, geht auch zurück und riskiert damit den sozialen Abstieg und vielleicht den Tod. Ein Liebesbeweis …? In Prag trifft er weiterhin andere Frauen, seine Lebensweise ändert er nicht. Teresa leidet an seiner Untreue, sie droht zu zerbrechen: Der verzweifelte Versuch, es ihm gleichzutun – ohne Liebe zu lieben –, scheitert.

Dieser Versuch geht über Teresas persönliche Situation hinaus, bekommt politische Dimensionen: Der Verführer entpuppt sich als Polizeispitzel, das Beisammensein wird auf Tonband aufgenommen, Intimsphäre für die Öffentlichkeit – Menschen werden erpreßbar gemacht und somit zum Schweigen gebracht.

Um der Atmosphäre in Prag zu entgehen, richten sich Tomas und Teresa ein Leben auf dem Lande ein. Hier, in einer zerbrechlich wirkenden Luftblase, scheint es den beiden zu gelingen, ihre Liebe zu bewahren, sie einzufrieren. Fern von allen Versuchungen realisiert sich die Liebe, die in der alltäglichen Umwelt nicht zu überleben vermochte. Eine Idylle, die im Tod fixiert wird. »Ich denke gerade, daß ich sehr glücklich bin«, sagt Teresa kurz vor ihrem Unfalltod. Schlechthin

Der Beginn einer vermeintlichen Idylle: die Hochzeit von Tomas und Teresa.

Kitsch, möchte man meinen. Kitsch, den tatsächlich nur die Darstellung von Juliette Binoche zu retten vermag. »›Der Tod‹, sagt Fritz Lang bei Godard, ›ist keine Lösung.‹ Auch Kaufmans Film ist keine Lösung. Kunderas Roman hat ihn überlebt, die Phantasien des Lesers sind heil geblieben. Mit einer Ausnahme. Wenn ich an Teresa denke, sehe ich Juliette Binoche.« (Andreas Kilb in: DIE ZEIT vom 8.4.88)
Liebe und Leidenschaft, problematische Versuche der Annäherung finden auch zwischen Sabina und Teresa statt: Kommunikation mittels einer Kamera, stumme Kommunikation. Was zunächst als ein Duell der Blicke anfängt, wird zu einem sanften Betrachten: Liebe und Haß sind so nah aneinander.
In solchen Szenen überzeugt der Film, überzeugen die beiden Darstellerinnen. Die Motive für das Handeln von Tomas dagegen bleiben unverständlich, und die Figur bleibt flach: ein

Eine Idylle, die sie auf dem Lande zu retten versuchen.

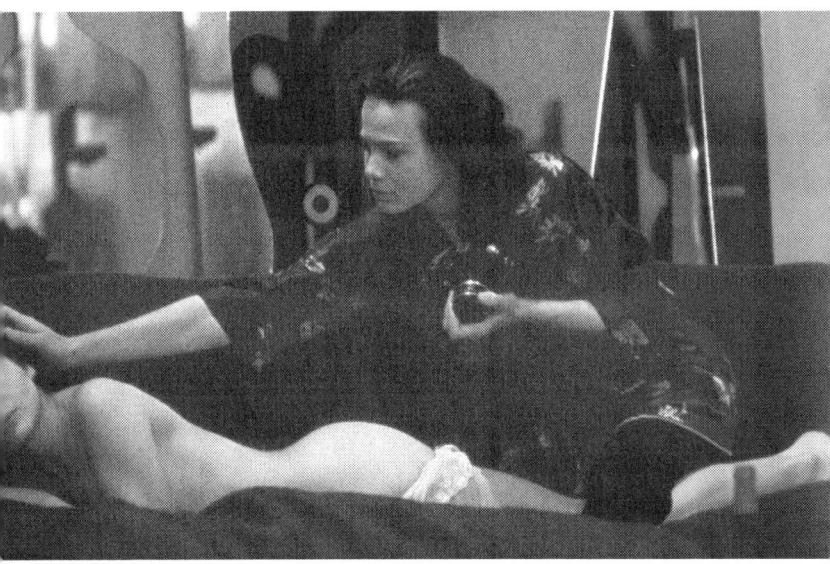

Die Kamera wird zum Kommunikationsmittel für Teresa und Sabina. Die anfänglich kalte Betrachtungsweise wird zunehmend sanfter und liebevoller.

Verführer, dessen tatsächliche Motive für sein Verhalten undurchsichtig bleiben. Selbst als Tomas seiner Frau nach Prag folgt, überzeugt diese Handlung nicht, eine Geste, die ohne Tiefe bleibt.

Es sind die beiden Frauenfiguren – und insbesondere Juliette Binoche –, denen es gelingt, ihrer Darstellung Tiefe und Glaubwürdigkeit zu geben.

»Lena Olin als Malerin Sabina, die jede Bindung scheut, in lasziver Lust auf der Suche nach dem Unerhörten und dauernd auf der Flucht, nicht zuletzt vor sich selbst. Und Juliette Binoche, die extrem entgegengesetzte Haltung weiblicher Hingabe, scheu, verletzlich, ungelenk – eine darstellerische Offenbarung.« (Hans-Dieter Seidel in: FAZ vom 19.4.88)

Mit der Teresa schafft Juliette Binoche eine Figur, die noch lange im Gedächtnis bleibt, die die Handlung des Films prägt und an deren Gesicht man sich erinnert. Ihre Gefühle werden

Teresa: Ihre Schüchternheit, ihre Schwäche und der starke Wille, ihre Liebe zu Tomas zu retten.

greifbar, ihre Liebe zu Tomas scheint ebenso wie ihre Ängste ohne jede Künstlichkeit: »Halbwegs unversehrt hat nur die wunderbare Liebe Teresas zu Tomas die Verfilmung überstanden, nicht zuletzt wegen Juliette Binoche als Teresa.« (H. G. Pflaum in: SZ vom 7.4.88)

Selbst da, wo die Schwächen des Films betont werden, wird ihre Darstellung gelobt und gefeiert: Sie wird als diejenige der Figuren bezeichnet, »die alle anderen um Längen schlägt« (DIE WELT), und als die Schauspielerin, »der es gelingt, die vielschichtige Figur der Teresa besonders plastisch in den Vordergrund zu rücken« (NZZ).

Mitten in einem großen Hollywood-Film, in dem nicht gespart wird mit überschwenglich inszenierten Liebesszenen, wo Gefühle nur allzu leicht zu Allgemeinplätzen verkümmern, bleibt Teresa natürlich, bleibt das Spiel von Juliette Binoche lebendig.

Ein Festival der Bilder

Vergangene Sehweisen

Es heißt, Léos Carax' erste Liebe seien die Stars der großen
Stummfilme gewesen, es heißt, er habe nur wenig, fast gar
nicht gesprochen als Kind. In seinen Filmen begleiten die
Worte lediglich ein visuelles Geschehen, die Sprache von Ca-
rax, das sind die laufenden Bilder.
Nahaufnahmen, Schwarzschnitte, eine eigenwillige Montage,
Schnelligkeit wechselt ab mit langen, ruhigen Einstellungen.
Das, was sich in *Mauvais sang* (Die Nacht ist jung) ankündigt,
baut Carax in *Les amants du Pont Neuf* (Die Liebenden von
Pont Neuf) zum Festival der Bilder aus.
Worauf es ankommt in seinen Filmen, das ist der Blick, die
Sehweise. Es darf keine *leeren Bilder* geben, alles wird zur
Aussage – wie im Stummfilm oder in Filmen der 30er und
50er Jahre, wo die Sprache behutsam eingesetzt ist und jede
Kameraeinstellung einer eigenen Inszenierung gleichkommt.
Carax dreht die Zeit zurück, er gibt eine Möglichkeit, »den
Blick zu reinigen von den gefilmten Bildern, die uns umgeben
und die niemanden genau betrachten und von niemandem
wirklich angeschaut werden« (Alain Philippon in: CAHIERS
DU CINÉMA, 389/86).

Der Blick, mit dem Léos Carax (insbesondere in *Mauvais
sang*) Juliette Binoche in Szene setzt, greift eine vergangene
Sehweise auf und gestaltet sie neu: Seine Hauptdarstellerin
macht er zu einer Art Stummfilmstar. Man denkt an Louise
Brooks, an Lilian Gish, man denkt an die frühen Stars des Kinos – und sieht doch nur Juliette Binoche: als Schauspielerin
bleibt sie sie selbst. Es ist die Ausdruckskraft ihres Gesichts,
das Spiel ihrer Augen, das die Leinwand erfüllt. Ihre Darstellung bleibt verschwiegen, keine überschwenglichen Erklä-
rungen, immer bleibt etwas Geheimnisvolles.

Anna, die Schweigsame, eine Art ›Stummfilmstar‹ … (›Mauvais sang‹).

Die sprachliche Kargheit der Inszenierung rückt den Menschen und die möglichen Beweggründe für sein Handeln in
den Mittelpunkt der Filme: Gefühle werden – unausgespro-
chenen – zum Thema, doch Carax bleibt in seinem Medium.

In *Mauvais sang* (Die Nacht ist jung) erzählen die Bilder die Geschichte; lange Einstellungen und Großaufnahmen erlauben es, die Gefühle der Personen in ihren Gesichtern zu erforschen. Es gibt keine tiefgreifenden psychologischen Analysen, die Emotionen erschöpfen sich in bildhaften Andeutungen, Teilaspekte der Charaktere werden sichtbar, Gefühlsfetzen: Man erfährt nur so viel, wie die Gesichter der Figuren auszusagen bereit sind.

Die Welt, in der sich die Personen bewegen, wirkt künstlich: die Lichter, die Straßen und Räume. Die Bewegungen der Menschen erscheinen irreal: schneller oder langsamer als die tatsächlichen Bewegungen.

Diese Künstlichkeit stellt die Handlungsmotive des einzelnen in den Mittelpunkt des Geschehens, herausgelöst aus der Wirklichkeit, können sie verdeutlicht werden. Was vermittelt wird, ist ein reales Lebensgefühl.

Es geht nicht darum, Realität auf die Leinwand zu bannen, alles bleibt Fiktion; es geht um die Verbindung Mensch und Kino: kinematographische Träume dessen, was der Mensch in der Lage ist sich auszudenken, Experimente mit Illusion und Wirklichkeit – und auf diese Weise dann versuchen, sich dem Menschen zu nähern.

Auch die Nebensächlichkeit der Handlung unterstreicht diesen Aspekt: nicht ablenken von inneren Regungen der Personen. Jedes Zuviel an Intrigen wird aus der Betrachtung ausgenommen. Die Geschichte bildet den Rahmen, ohne jedoch an sich einen Spannungsmoment darzustellen: *eine Liebesgeschichte,* die von Alex' (Denis Lavant) Bewunderung für Anna erzählt. »Die schönste Szene eines ›coup de foudre‹, einer Liebe auf den ersten Blick in der gesamten Filmgeschichte«, nennt es Jean-Luc Douin (in: TÉLÉRAMA 1924/86).

Alex fährt Bus, Anna rauscht an ihm vorbei, kaum sieht Alex sie, kaum ist dem Betrachter ein Blick erlaubt. Aber es liegt etwas in der Luft, da war etwas ... Alex versucht die junge Frau zu betrachten, ihren Nacken, den Ansatz der Haare, es ist ein Spiel mit dem Spiegeleffekt der Busfenster. Zart und

Anna und Alex: vielleicht eine Liebesgeschichte.

vorsichtig nähert sich die Kamera, eine Liebeserklärung ohne Worte, Bilder, die in Andeutungen verharren. »Wenn das
Kino die Kunst ist, aus der Liebe der anderen ein Spektakel
zu machen, die Paare zu betrachten, sie zu belauern und sie
dann zu verklären, dann muß das Zartgefühl erhalten bleiben
und das Geheimnis der Schönheit bewahrt werden.« (Ebd.)
Léos Carax, Denis Lavant, Juliette Binoche und nicht zuletzt
der Kameramann Jean-Yves Escoffier bewahren solche Geheimnisse und erzählen dennoch eine Liebesgeschichte:
Erst nach der ersten Begegnung im Bus wird Alex feststellen,
daß Anna die Geliebte seines Auftraggebers Marc (Michel
Piccoli) ist. Alex liebt Anna, er verehrt sie, beobachtet sie
stumm. Er bleibt Zuschauer, wenn Anna nur einige wenige

Sätze mit Marc spricht, Sätze, die von ihrer Liebe zu ihm zeugen. Erst als Marc das Mädchen drängt, mit dem Fallschirm zu springen, obwohl ihre Furcht so offensichtlich ist, reagiert Alex und sucht ihren Sprung zu verhindern. Aber sie

... und Juliette Binoche springt.

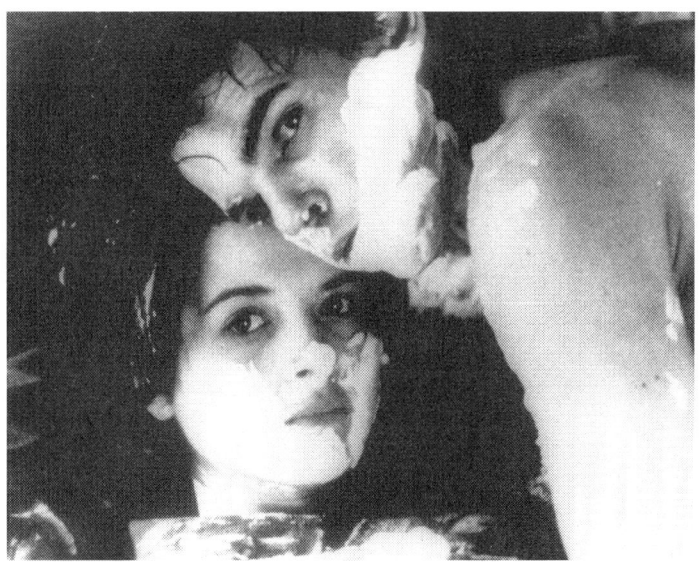

Die vermeintliche Annäherung zwischen Anna und Alex bleibt lediglich ein Spiel.

springt … Und Juliette Binoche springt, denn hier ist nichts gedoubelt. Die Profis übernehmen erst die gemeinsame Landung von Alex und Anna vor der Kamera, denn dieser doppelte Sprung verlangt langjährige Erfahrung.

Annas Gesicht spiegelt jede Regung dieses einen Moments wider, Angst in den Augen, ein kurzes Zusammenreißen und der Absprung. Die Überwindung, der Mut, all das erfordert jedoch zuviel Kraft, und ohnmächtig hängt sie an der Fallschirmleine. Alex springt, bringt sie sicher hinunter – in einem endlosen stillen Flug durch die Luft, wo er sich zwischen Himmel und Erde für Sekunden Anna ganz nahe fühlen kann.

Irgendwann beginnen Marc und Alex zu streiten, der Grund ist unwichtig, aber die Folgen sind schwer: Marc bricht zusammen bei der Auseinandersetzung, er ist krank, und nur eine Spritze seines Freundes Hans (Hans Meyer) kann ihm helfen. Anna ist aufgeregt, sie weint, kann nicht aufhören zu weinen, und Alex versucht, mit wenigen Gesten ihre Tränen zu stoppen: Zaubertricks führt er ihr vor, ein Clown, der versucht das kleine Mädchen aufzuheitern.

Carax zitiert seinen ersten Film, *Boy Meets Girl,* wenn er Anna mit bunten Tüchern vor ihrem Gesicht spielen läßt. Dort war es Mireille Perrier, die dieses Spiel spielte, die denselben stummen Blick mit einem Alex austauschte. (Auch in *Mauvais sang* ist sie in einer kurzen Szene als junge Mutter zu sehen.) Annas Augen lugen hinter grünem, rotem, gelbem Stoff hervor, erst traurig und dann immer mehr Ausdruck ihres Lächelns – man kann nicht umhin, an Julietta Massina zu denken, an diese unvergeßlichen Augen in *La Strada* von Federico Fellini. Die Ausdruckskraft von Juliette Binoche liegt im Blick, und Carax setzt ihn vorsichtig ein, um die Annäherung zwischen Anna und Alex zu zeigen. Eine Annäherung, die freundschaftlich bleiben muß, in der Alex' Sehnsucht nicht erfüllt wird, da Anna unmißverständlich ihren Platz bei Marc sieht. Doch es entsteht eine Zuneigung, die keine Liebesaffäre hätte ausdrücken können, die sich irgendwo ganz tief innen abspielt. Eine schnelle Liebe, die ewig dauert.

Ein Krimi, wenn es darum geht, den heilenden Retrovirus für eine tödliche Krankheit zu erlangen. Diese Krankheit befällt jeden, der Liebe macht, ohne Liebe zu empfinden. Zwei Gruppen rivalisieren im Kampf um den Virus, eine Amerikanerin und die zwei alternden Ganoven, Marc und Hans, die mit Alex' Vater zusammengearbeitet haben. Dieser ist erst vor kurzem gestorben, angeblich durch Selbstmord, tatsächlich jedoch als Opfer seines Berufs. Der Tod des Vaters wird für Alex zu einem Wendepunkt in seinem Leben, er will mit allem, was war, Schluß machen und von vorne anfangen. Er zieht aus seiner Wohnung aus und verläßt seine Freundin (hervorragend gespielt von Julie Delpy). Als sich die beiden ehemaligen Freunde seines Vaters an ihn wenden, damit er den Retrovirus beschafft, sagt er zu – als Taschenspieler hat er die erforderliche Geschicklichkeit. Er wird diesen Coup machen und mit dem Geld dieses neue Leben anfangen, von dem an so vielen Orten und zu so vielen Zeiten die Rede ist.

Ein *film noir* mit den bekannten Topoi des Genres: Rivalität unter Gangstern, ein gefährlicher Coup und die Liebe des »Neuen« zur Frau vom Boß.
Ein Wiedersehen zwischen zwei alternden Gangstern bildet einen der schönsten Momente im Film, und auch hier scheinen die Worte bedeutungslos: Marc und Charlie (Serge Reggiani) begrüßen sich lediglich mit Knurren und Fauchen, um sich dann herzlich in die Arme zu fallen. Worte sind nicht mehr nötig, um zu verstehen, daß die beiden durch eine lange, von Feindschaft und Freundschaft geprägte Geschichte verbunden sind.

›Mauvais sang‹ … das Ende eines Abenteuers.(Von links nach rechts: H. Meyer, S. Reggiani, J. Binoche, J. Delpy und M. Piccoli)

Zitate alter Gangsterfilme, die Story erinnert an *A bout de souffle.* Verweise auf die Klassiker der Filmgeschichte, eine Szene aus Charlie Chaplins *The Kid* wird als eine Verbeugung vor dem Meister inszeniert, ein Buster-Keaton-Lauf durch die Stadt bekommt durch die Begleitung eines David-Bowie-Textes einen Bezug zur Gegenwart.

Aber kein billiger Abklatsch alter, bereits abgedrehter Geschichten, sondern Zitate, die als liebevoller Hinweis auf vergangene Zeiten erscheinen: »Es ist ein Film, der das Kino geliebt hat und der das Kino von heute nicht liebt«, sagt Carax (EPD FILM 3/88), und so erscheint der Film als Hommage an die »Heroen« der Filmgeschichte und bleibt doch eine ganz persönliche Erzählweise von Carax, bleibt seine eigene Komposition.

Nicht die Sache oder die Szene, die man zeigt, sei wichtig, meint der Regisseur, sondern die Betrachtungsweise, nicht was gesehen wird, sondern wie es gesehen wird: Visionen werden in Bilder umgesetzt.

»Die schönsten Filme, die erfolgreichsten Filme kommen nicht aus der Realität, sondern aus dem Erhabenen. Es ist ein langer Weg: Man geht zwar von etwas sehr Realem aus, möchte aber zu etwas Ewigem gelangen. (…) Ich habe mich ins Kino verliebt, als ich diesen Film gemacht habe.« (J. B. über *Mauvais sang* in: CAHIERS DU CINÉMA 389/86)

Und dann kommt *Les amants du Pont Neuf* (Die Liebenden von Pont Neuf), Juliette Binoche erhält den europäischen Filmpreis, den *Felix,* für ihre Darstellung.

Dieser Film zeigt eine bisher scheinbar unbekannte Juliette Binoche: Ihre Rolle ist die einer erblindenden Malerin, die auf der Straße lebt, heruntergekommen, verwahrlost, ungepflegt. Wenn sich die Kamera der Malerin Michèle nähert, denkt zunächst niemand an Anna aus *Mauvais sang* oder an Teresa aus *The Unbearable Lightness of Being* (Die unerträgliche Leichtigkeit des Seins). Das Gesicht von Juliette Binoche wirkt entstellt, ein Auge ist zugeklebt, die Haare hän-

Über das Aussehen der erblindenden Malerin Michèle in ›Les amants du Pont Neuf‹ sind die französischen Zuschauer zunächst entsetzt. Der Regisseur Léos Carax handelt sich den Vorwurf ein, das Gesicht seiner Hauptdarstellerin entstellt zu haben.

gen in Strähnen herunter. Einsam und wie trunken wankt sie durch das nächtliche Paris.

In Frankreich ist man empört: Carax habe Juliette Binoche zerstört, die Schönheit einer hoffnungsvollen Nationalschauspielerin in den Dreck gezogen.

Tatsächlich aber hat sich der Blick nicht verändert, die Sehweise ist dieselbe geblieben: Menschen stehen im Mittelpunkt der Geschichten, ihre Charaktere, ihre Gefühle. Die Zärtlichkeit liegt im Blick: Auch dann, wenn man mit einem grausamen Naturalismus aufwartet, bleibt die Liebe zu den Menschen.

Der erste Eindruck von Michèle, ihre *Häßlichkeit,* verflüchtigt sich, wir sehen sie mit den Augen von Alex, dem Liebenden. Diese abgegriffene Phrase von der Liebe, die schön macht, drängt sich auf, eine Schönheit, die sich immer deutlicher in den Gesichtszügen von Michèle widerspiegelt.

Juliette Binoche hat sie gesucht, diese andere Art und Weise gefilmt zu werden: »Ich will nicht mehr wie eine Madonna gefilmt werden. Auch ich kann mich bewegen, schwitzen. Ich habe andere Schönheiten in mir als die Perspektive, die du deiner Kamera gibst, oder das Licht, das du auf meine Wangen gibst.« (J. B. zu Léos Carax in: CAHIERS DU CINÉMA, Sondernummer Pont Neuf, Oktober 91)

Nein, Léos Carax hat Juliette Binoche nicht entstellt, er hat ihr die Möglichkeit gegeben zu zeigen, was alles in ihr steckt, hat ihr geholfen, eigene Grenzen zu überschreiten, physische und psychische Grenzen. »Léos hat mir geholfen, Dinge zu

»Ich will nicht wie eine Madonna gefilmt werden …« (Juliette Binoche zu ihrer Darstellung der Michèle).

entdecken, die in mir verborgen waren. Es ist selten, daß ein Regisseur ein solches Vertrauen entgegenbringt, selten, daß er Dinge zum Leben erweckt, die in einem stecken, die man aber selbst ignoriert.« (J. B. in: STUDIO MAGAZINE 12/88)

Die anstrengende Vorbereitung zu *Les amants du Pont Neuf* verdeutlicht, welch harte Arbeit mit der Rolle verbunden ist: körperliches Training, Akrobatik, Tanz, Wasserski; harte und lang andauernde Dreharbeiten (siehe Abschnitt: Eine Brücke in Südfrankreich). Der Regisseur bringt das gesamte Spektrum spielerischer Möglichkeiten von Juliette Binoche auf die Leinwand, wenn er die unterschiedlichen Gefühle, Charakterzüge und Stimmungen der Malerin Michèle darstellt: die Konzentration, wenn sie zeichnet, die unsagbare Verzweiflung in den Momenten, die sie die stetige Verschlechterung ihrer Sehkraft in ihrer ganzen grausamen Konsequenz spüren lassen – nicht mehr malen können, was man nicht mehr sieht. Die freudige Zärtlichkeit in ihrem Gesicht, wenn sie den Feuerzauber von Alex in seiner Größe und Leuchtkraft erkennen kann. »Für mich mußt du alles groß machen«, wird sie ihm später sagen, lachend. Die schier unaufhaltsam scheinende Ausgelassenheit, mit der Michèle auf dem Pont Neuf tanzt und tobt, hinfällt und wieder aufsteht und doch wieder fällt, liegenbleibt, lachend – ein Kind ist auf der Welt, um glücklich zu sein …

Wie in *Mauvais sang,* wenn Anna den Zauberspielchen von Alex folgt, so wird auch bei Michèle diese Komik, die clowneske Mimik sichtbar. Eine Mimik, die Inneres nach außen kehrt und gleichzeitig Maske bleibt, die Geheimnisse bewahrt, eine Clownmaske. Auch in *Les amants du Pont Neuf* bleiben die Worte sparsam, Sätze werden angefangen und nicht zu Ende gesprochen, Wörter schweben in der Luft. Bilder bestimmen jede Sekunde des Films, nicht nur weil Michèle als erblindende Malerin das Bild zum zentralen Thema der Geschichte macht, sondern insbesondere weil jede einzelne Einstellung gefangennimmt, eintauchen läßt in einen visuellen Sog, dem man sich kaum entziehen kann.

Die Geschichte von Alex und Michèle ist eine Liebesgeschichte, eine Geschichte über den Versuch, etwas Unmögliches wahr zu machen, wahre Gefühle im fiktionalen Traum zu leben. Eine Liebe in einer Welt, die eigentlich keinen Raum läßt für Gefühle? Romantische Motive inmitten von Elend und Grausamkeit, aber keine Clochard-Romantik, keine Verzerrung des Elends: Ungerechtigkeit und Härte sollen nicht negiert werden, die Wirklichkeit läßt sich nicht aufheben. Aber auch in dieser Wirklichkeit können Träume entstehen und – warum nicht? – sich einen Platz erobern.

Dokumentarische Aufnahmen führen ein in die Welt der *clochards,* der *clodos,* ungeschminkte Wahrheit: Nicht von oben, sondern aus ihrer Mitte heraus werden sie beim Duschen im Asyl beobachtet.

Dokumentation und Fiktion vermischen sich so lange, bis die fiktiven Aufnahmen alle dokumentarischen geschluckt haben und aus ihnen die Geschichte erzählt werden kann. Künstlichkeit und Realität bilden die Wirklichkeit, die Freiheit liegt im Blick: » … ob ich nun einen echten Clochard filme, der in seine Gedanken vertieft ist, oder ein Paar von falschen Clochards, das auf einer falschen Brücke unter einem falschen Feuerwerk tanzt – für mich bleibt der Blick derselbe.« (Léos Carax in: EPD FILM 3/88)

Einen Einwand muß man machen, hat Carax selbst gemacht: das Paradox, einen teuren Film zu machen über Menschen, die nichts besitzen. Das ist nicht wegzureden, nicht wegzufilmen, es ist eine eigene Wahrheit, die Teil des Films bleibt.

Die Idee, von den Clochards zu erzählen, drängt sich dem Regisseur auf, als er nach Paris kommt, wo er niemanden kennt, wo in so vielen Straßen zusammengekauerte Menschen gegen Hunger und Kälte ankämpfen. Carax erzählt von dem Blickkontakt, von dem Gefühl, das da etwas existiert, was nicht mehr gutzumachen ist, von dem Mitleid, das nicht in Erbarmen aufgelöst werden kann. Eine Atmosphäre der Rettungslosigkeit, die auch unter den jungen Leuten existiert.

»Wie viele andere glaubte ich, daß man bald vor die Hunde

Ohne Ziel, hoffnungslos und einsam läuft Michèle durch Paris ...

... erschöpft läßt sie sich auf einer Bank des Pont Neuf nieder.

gehen wird, daß man schnell und intensiv leben müsse und jung sterben.« Das sei keine romantische Idee, meint Carax. (L. C. in: CAHIERS DU CINÉMA, Sondernummer Pont Neuf; Oktober 91)

Romantisch, wenn man so will, ist der verzweifelte Versuch, die Liebe zu retten.

Michèle und Alex, ein Akrobat, der hinkt, und eine Malerin, die erblindet: zwei Menschen, an die Grenzen ihres Könnens getrieben und an den äußersten Rand der Gesellschaft. Sie, das Mädchen aus der gutbürgerlichen Familie, das verzweifelt ist wegen seiner schwindenden Sehkraft, das jede Hoffnung auf Heilung aufgegeben hat und nun ein Leben auf der Straße führt, draußen. Alex, der ohne Vergangenheit bleibt, der auf der Brücke lebt, in einer ständigen Gegenwart, so als wäre es niemals anders gewesen.

Zufälle verbinden diese beiden Schicksale, Alex verletzt auf derselben Straße wie Michèle mitten im nächtlichen Paris, irgendwo auf dem Boulevard Sébastopol; Michèle, die glaubt, er sei tot, die ihn malt aus dem Gedächtnis, und dann das Zusammentreffen der beiden auf dem wegen Renovierung gesperrten Pont Neuf.

Eine langsame Annäherung erfolgt: Alex entdeckt bei der schlafenden Michèle die Zeichnung von sich; als sie später aufwacht, versucht sie ihn zu porträtieren, richtig, von Angesicht zu Angesicht, nicht nur aus der Erinnerung. Doch ihr Versuch scheitert, zu schwach sind schon ihre Augen, sie verspricht ihm, es nachzuholen – später.

Zunächst ist es Alex, der Michèle entdeckt, der ihr Leben zu verstehen sucht, eindringt in ihre Vergangenheit, sie beobachtet – sie zu lieben beginnt.

Wer ist die junge Frau? Warum lebt sie, die aus gutbürgerlichen Verhältnissen kommt, auf der Straße? Sie malt, trägt unentwegt ihre Zeichnungen mit sich herum, ihren Haushalt in Plastiktüten. Was war früher? Was ist passiert? Es scheint, daß es da eine wirklich gute Freundin gab, außerdem eine Schwester und einen Jungen, ihre erste Liebe.

Wer ist die junge Frau?

Man erfährt nicht viel über vergangene Ereignisse, Carax setzt die Gegenwart in Szene, die Liebe, die jetzt entsteht. Ein wenig nähert man sich Michèle: Sie ist verletzt worden in einer früheren Liebe, so verletzt, daß sie den Exfreund töten will.

Was deutlich wird, ist ihre Verzweiflung über das Erblinden: Was wird bleiben, wenn sie nicht mehr sehen kann, nicht mehr malen? Wenn ihre Existenz in ein tiefes Schwarz abgleitet?

Jetzt noch so viel schauen, wie die Augen zu fassen vermögen, Bilder wird sie mitnehmen in die Dunkelheit, zu Alex sagt sie: »Du wirst eines der letzten Bilder sein, die ich mit mir nehme.«

Es ist nicht zuletzt der Feuerzauber von Alex, der Michèles Aufmerksamkeit erregt: ein heller Schein, groß und selbst für die Erblindende unübersehbar. Alex sorgt auch dafür, daß sie auf der Brücke bleiben kann, von der Hans, ein Clochard, der über den Pont Neuf wacht, sie verjagen will.

Und dann, als ganz Paris das 200jährige Jubiläum der Revolution feiert, durchbrechen Michèle und Alex ihr Zögern und ihre Zurückhaltung, die stille Beobachtung wird zum offenen Aufeinanderzugehen: Unter dem riesigen Feuerwerk, das die Seine in einen funkelnden, künstlichen Fluß verwandelt, tanzen sie und toben, fahren Wasserski auf diesem Funkeln.

»Carax giert nach den Schauwerten dieses Spektakels, die er teils parodiert, teils zelebriert. Aber er klagt auch die Ziele der Revolution ein, wenn er radikal die beiden Ungleichen gleichstellt, den verkommenen Gaukler und die schöne Großbürgerstochter zusammenführt. Nur der alte, weise Bettlerkönig vom Pont-Neuf (Klaus Michael Gruber) erhebt die Stimme der Vernunft gegen die ›amour fou‹. Doch der Rausch, die anarchische Lust am Risiko, triumphiert.« (Eva Maria Lenz in: FAZ vom 4.7.92)

Es ist eine unmöglich scheinende Liebe, die sich ihre Existenz ertanzt, hektisch – Musik und Perspektiven wechseln abrupt –, so als müßte es ganz schnell gehen, all diese Gefühle leben, sie auskosten in Sekundenschnelle ...

Erst später folgen Worte, die versuchen, diese Gefühle auszudrücken, ihnen Dauer zu verleihen: »Lieben Sie jemanden? Wenn Sie jemanden lieben, sagen Sie morgen: Der Himmel ist weiß. Jemand, der Sie liebt, wird antworten: Die Wolken sind schwarz. Dann wissen wir, daß wir uns lieben.« Diese Nachricht hinterläßt Alex für Michèle, eine Liebeserklärung, die verschlüsselt bleibt, so, als dürfe die ungewöhnliche Liebe nicht mit alltäglichen, mit neutralen Worten einbalsamiert werden. Man könnte von einem Symbol der Liebe sprechen, mit dem Alex versucht, sich Michèles Bilderwelt zu nähern – da, wo die Sprache wirklich Bedeutung erlangen könnte, bleibt sie bildhaft.

Aber warum soll es schließlich in dieser Erzählung anders sein als in so vielen Liebesgeschichten? Wieso soll sich hier nicht Liebe mit Besitzansprüchen und Verlustängsten vermengen? So wird auch diese Geschichte zu einer über den Egoismus, Egoismus in der Liebe, im Leben.

Als Michèle in der Metro den Cello-Klängen ihres Exfreundes hinterherjagt, vertreibt Alex ihn und versucht sie daran zu hindern, ihn zu sehen. Eifersüchtig greift er in ihr Leben ein, belügt sie – aus Liebe.

Bevor es richtig beginnen kann, ist Alex von der Angst ergriffen, die Geliebte zu verlieren. »Schnell, gib mir etwas zum Schlafen, schnell, gleich schläft sie ein, und ich bin alleine«, sagt er gleich am Anfang zu Hans, der ihm Schlafmittel gibt, ohne die Alex keine Ruhe findet.

Im Licht der Revolutionsfeiern geben Alex und Michèle sich einem individuellen, eigenwilligen Tanz hin.

Er wird auch dafür sorgen, daß das von den beiden geklaute Geld in der Seine verschwindet. Das Geld, mit dem Michèle so viele Träume hatte realisieren wollen, so wie sie diesen Traum vom Meer wahr macht: ans Meer fahren, den Horizont ahnen, den sie nicht sehen kann. Denn immer weniger vermögen ihre Augen wahrzunehmen. Doch sie hat Vorstellungen von der Weite möglicher Abenteuer, die sie ergreifen und leben will. Alex dagegen, der so weit schauen kann, der den Horizont und die Sterne erblickt, kennt nur die Brücke, will nicht darüber hinausgehen. Er versucht, ihren gemeinsamen Lebensraum einzuengen auf den schmalen Übergang über den Fluß – denn hier ist die Liebe zwischen ihnen geboren, hier hat sie diese minimale Überlebenschance.

Später wird Alex sogar verhindern wollen, daß Michèle die Suchmeldungen liest, die ihre Eltern überall plakatieren ließen, um sie über die Möglichkeit der Heilung ihres Augenleidens zu informieren. Niederbrennen wird er diese Plakate, und dann stirbt ein Plakatierer, verbrennt. Der Tod schmerzt, schockiert, wird aber hingenommen. Die Rückkehr in ihre Welt würde die Trennung von Alex bedeuten, den Tod ihrer Liebe?

Feuer aus Liebe, aus Egoismus? Verschiedene Motive und Gefühle vermengen sich, sind nicht mehr zu trennen. »Wie Carax den Anschlag aus Liebe wirklich einschätzt, verraten die Lichtverhältnisse des Films. Der Brandanschlag auf den unbeteiligten Plakatierer ist so anheimelnd ausgeleuchtet wie ein Abend am offenen Kamin. Blaustichig, kalt und unheilverkündend ist dagegen das Licht, in dem der Mörder verhört wird.« (Heike Kühn in: FR vom 3.7.92)

Aber Michèle hört die Suchmeldung im Radio; das ist die Chance, an die sie nicht zu glauben wagte, und sie geht, um sich operieren zu lassen. Als Alex aufwacht, findet er lediglich eine Nachricht: »Ich habe dich niemals richtig geliebt, Michèle.«

Stimmt das? Welche Gefühle empfindet sie gegenüber Alex? Was bedeutet die Rückkehr für sie?

Denis Lavant und Juliette Binoche.

Manchmal kann man sie sehen, ihre starke Liebe zu Alex. Dann zum Beispiel, wenn sie versucht, ihn aus seiner Apathie zu reißen, wenn sie ihm, der nicht ohne Betäubungsmittel schläft, das Schlafen beizubringen sucht – einen Liebesbeweis nennt sie es – und schließlich am Meer, wenn sich die beiden immer wieder ihre Namen zuschreien, als müßten sie sich von der Wirklichkeit ihres Abenteuers überzeugen.

Aber ihre Verzweiflung über das Erblinden ist so stark, so schmerzhaft, sie muß zurück, sie muß diese Operation machen.

Wer glaubt schon daran, daß sie nach einer Heilung zurückkehrt zu Alex?

Aber nach zwei Jahren besucht sie ihn im Gefängnis (wo er wegen des verbrannten Plakatierers einsitzt).

»Die Träume haben mich geschickt«, sagt sie und bittet ihn, daß sie sich wiedersehen.

Sie verabreden sich für den Tag seiner Entlassung um Mitternacht auf dem Pont Neuf: Es ist Winter, es schneit, sie trinken Champagner, ein bißchen ist es wie im Märchen. Und sie löst ihr Versprechen ein: ein Porträt von Alex. Angetrunken tanzen sie auf den Balustraden des Pont Neuf, sie lachen und sie fallen, tauchen unter in dem Fluß, der Spiegel war für ihre Liebesgeschichte … Doch sie tauchen auf, sie werden leben, ein Happy End trotz aller Hindernisse.

Ein Happy End, das nicht von Anfang an geplant war: Es gab viele Lösungen, unterschiedliche Versionen, die vom Ausgang dieser Liebesgeschichte existierten. Michèle sollte in der Seine ertrinken, Ende einer Liebe ohne Morgen, geblieben wären Tränen und Trauer. Oder aber: Michèle hätte zurückkehren sollen zu dem Mann, mit dem sie nun lebte, dem sie das Wiedererlangen ihres Augenlichts verdankt.

»Für mich ist *Les amants du Pont Neuf* der letzte Film einer Trilogie. Innerhalb von acht Jahren habe ich drei Filme mit der Figur von Alex gemacht, es gab eine Entwicklung, die abgeschlossen werden mußte. Ich dachte, Alex würde ähnlich wie Musset in seinen ›Confessions d'un enfant du siècle‹ daran wachsen, diese Trennung zu akzeptieren.« (Léos Carax in: *Cahiers du Cinéma,* Sondernummer Pont Neuf, Oktober 91)

Das offene Ende verdankt der Film seiner Hauptdarstellerin. Juliette Binoche hat es sich gewünscht, und Carax hat es ihr geschenkt: »Ich fühlte, daß es für sie sehr wichtig war, daß alles gut ausgeht. Für das Leben. Ich spürte aber auch in mir den Widerstand gegen diese Idee. (…) Schließlich haben wir dann das Ende ohne Tod und Trennung gedreht, und ich war froh, es Juliette schenken zu können. Es ist vielmehr das Ende eines Abenteuers als das Ende des Films, doch genau dafür respektiere ich es. Der Schluß hat seine Wahrheit in den Gefühlen derer, die den Film gemacht haben. Dafür, daß Juliette, Denis und wir alle so einfach wie möglich zu etwas anderem übergehen konnten.« (Ebd.)

Eine Brücke in Südfrankreich

Drei Jahre lang war Juliette Binoche mit dem Filmprojekt *Les amants du Pont Neuf* (Die Liebenden von Pont Neuf) beschäftigt, drei Jahre ganz und gar verwachsen mit der Geschichte und dem Film. Alle Höhen und Tiefen der Produktion hat sie hautnah miterlebt, die Rolle der Malerin Michèle wurde zu einem Stück ihres Lebens. Andere Filmangebote hat sie in dieser Zeit abgelehnt; selbst als Elia Kazan ihr eine Rolle vorschlägt, sagt sie nein: unmöglich, sich auf etwas Neues einzulassen, bevor der Film mit Léos Carax beendet ist. Jean-Paul Rappeneau schreibt ihr, daß er den Eindruck habe, sie falle in ein tiefes schwarzes Loch, doch sie läßt sich nicht abbringen. »Ich denke, ich habe ein Licht gefunden, ganz unten in dem Loch«, sagt sie. Vielleicht profitiert Rappeneau gerade von diesem Licht, als Juliette Binoche im Sommer 1994 als Hauptdarstellerin seiner Jean-Giono-Verfilmung *Le hussard sur le toit* (Der Husar auf dem Dach) vor der Kamera steht.

Um zu verstehen, was hier ablief, sollte man wissen, daß Krankheiten und Finanzierungsprobleme das Projekt immer wieder bedrohten und die Dreharbeiten verzögerten. Juliette Binoche und die gesamte Filmcrew sind mit dem Projekt aufs engste verbunden, sie teilen alle Sorgen und Ängste der Produktion. Es ist ein ständiges Auf und Nieder, die Unsicherheit, wie man diesen Film zu Ende bringen kann – und es gibt nur diese eine Gewißheit, daß man ihn beenden will, unter allen Umständen. Juliette Binoche und die anderen haben ihre ganze Energie und Kraft auf dieses Filmprojekt verwandt: »Nichts«, sagt sie, »konnte die Fertigstellung des Films aufhalten. Wir mußten ihn zu Ende bringen. Es war so, als habe man ein Bild mit Ölfarben zu malen angefangen und sei nun, weil die Farbe ausgegangen ist, gezwungen, das Werk mit Acrylfarben zu beenden. Was bedeutet schon das Material, es war notwendig, bis ans Ende eines Verlangens zu gehen. Alles war möglich. Die Crew war wie zusammengeschweißt, ausdauernd. Wenn der Film existiert, dann nur aufgrund der ganzen Truppe.« (J. B. in: CAHIERS DU CINÉMA 443, 4/91)

Die Produktionsgeschichte dieses Films ist die Geschichte einer Filmkulisse, mit der der ganze Film steht oder fällt – einer Kulisse, die nicht nur zentraler Ort der Handlung, sondern so weit in das Geschehen eingebunden ist, daß sie beinahe zum gleichrangigen Protagonisten wird. Die Geschichte dieses Dekors ist ein Teil des Films.

Die Idee und die Kulisse

Am Anfang steht die Idee von Léos Carax. Er will die Liebesgeschichte von zwei Clochards auf dem Pont Neuf drehen, auf der ältesten Brücke von Paris. 1604 wurde sie unter Heinrich IV. erbaut, und in Paris sagt man »solide comme le Pont Neuf«, wenn etwas haltbar und von Dauer ist. Diese Brücke habe für ihn etwas Beruhigendes, meint Carax, »jedenfalls bemühe ich mich seit zehn Jahren, immer in der Nähe zu wohnen«. (CAHIERS DU CINÉMA, Sondernummer Pont Neuf, Oktober 91)

1988 wird die Brücke wegen Renovierungsarbeiten geschlossen, die Jubiläumsfeiern der Französischen Revolution stehen an, und viele Bauten werden restauriert und herausgeputzt.

Carax bemüht sich um eine Drehgenehmigung – und bekommt sie: Während die Brücke gesperrt ist, kann die Filmcrew sich einrichten. Doch der Zeitraum wird nicht reichen,

Die Geschichte einer Kulisse: der Pont-Neuf in Südfrankreich …

um den ganzen Film hier abzudrehen; Carax beschließt,
für die Nachtaufnahmen eine unaufwendige Filmkulisse zu
bauen. Es ist ein relativ einfaches Projekt, ungefähr 35 Mil-
lionen Francs soll der Film kosten. Der Dekorateur Michel
Vandestien wird mit der Konstruktion der Kulisse beauftragt.
Carax kennt ihn, weiß, daß man gut zusammenarbeiten kann.
Für den Regisseur ist es wichtig, daß seine Ideen mit denen
des Dekorateurs übereinstimmen, daß man eine gemeinsame
Basis hat und daß eine vertrauensvolle Atmosphäre herrscht.
Er muß ihm freie Hand lassen können, denn er arbeitet sehr
viel mit den Schauspielern.
Michel Vandestien ist es auch, der den passenden Ort findet:
Lansargue, ganz im Süden Frankreichs, in der Nähe von Avi-
gnon. Die Arbeiten am Pont Neuf beginnen.

Krankheit, Geldsorgen und der Mistral

Doch dann zieht sich der Hauptdarsteller Denis Lavant einen
Sehnenriß zu; dadurch wird es unmöglich, mit dem Film zu
beginnen. Mittlerweile läuft die bewilligte Drehzeit auf dem

Pont Neuf in Paris ab. Die provisorische Fassade für Nachtaufnahmen muß umgewandelt werden in eine detailgetreue
Nachbildung der Brücke, maßstabsgerecht. Nun wird die Farbe der Seine genauso wichtig wie das Weiß der Brücke, welches unter der glühenden Sonne des Südens so viel heller
wirkt als das Weiß in Paris. Die Häuserfassaden müssen stimmen, der Hintergrund, der Straßenverkehr von Paris, die Statue von Heinrich IV. auf der Brücke und vieles mehr. Ungefähr 300 Leute sind damit beschäftigt, diese Kulisse zu bauen,
Tag für Tag konstruieren sie Teile der Brücke. Den Anblick
dieser Jungen und Mädchen, die die Bauten mit ihrem Ham-
mer errichten, nennt Carax eines der schönsten Dinge, die er
je in seinem Leben gesehen hat. »Ich danke ihnen dafür, denn
das hat wirklich etwas mit Kino zu tun«, sagt er.
Eine solch aufwendige Filmkulisse wird jedoch zu einem teuren Spaß, die Kosten für den Film steigen und steigen.
Der erste Produzent gibt auf, er kann die wachsenden Ausga-
ben nicht bewältigen. Inzwischen sind schon 60 Millionen
Francs in das Projekt geflossen, und der Film ist bei weitem
noch nicht fertig. Es ist ein künstliches Dekor, und ein künstliches Dekor kostet sehr viel Geld, auch wenn man versucht,
preiswertes Material zu benutzen. Der verbleibende Produzent, Alain Dahan, sucht nach einem neuen Partner. Es gibt
Interessenten, doch das Unternehmen scheint gewagt, ein
Hin und Her um die Produktionsmöglichkeiten folgt.
Die Arbeiten in Lansargue sind von der unsicheren Situation
geprägt: Wie sollen die Lieferanten bezahlt werden? Kann
überhaupt Material bestellt werden? Wird ein Scheck kommen? Und wie soll man die Mitarbeiter bezahlen? Nach Hause schicken, um sie vielleicht zwei Monate später wieder an-
reisen zu lassen? Oder soll man sie dabehalten und darauf
hoffen, daß man bald bezahlen kann? Michel Vandestien ist
tagtäglich hin- und hergerissen, weiß nicht, welche Entscheidung zu treffen ist. Er weiß nur, daß er diese Filmkulisse fer-
tigstellen will.
In dieser ohnehin schwierigen Lage sind die bisher fertigge-

Der »solide« Pont Neuf aus Holz und Pappmaché.

stellten Bauten andauernd durch das Klima bedroht: Der Mistral bläst teilweise mit einer Stärke von 150 Stundenkilometern, immer wieder werden Teile des *soliden Pont Neuf* aus Holz und Pappmaché zerstört. Ein Kampf um Geld und gegen den Wind.

Eine Zeitlang scheint dieser Kampf dann verloren: Im September 1989 müssen die Arbeiten abgebrochen werden; weitere Millionen sind in die Bauten geflossen, ohne daß ein Ende abzusehen ist, der nächste Produzent mußte aufgeben, und nun ist kein Geld da, um das Unternehmen zu Ende zu bringen. Ein wenig fremdartig und bizarr liegt die Kulisse da, der Pont Neuf in Südfrankreich, abgewetzt, teilweise zerfleddert. Von den eifrigen Konstrukteuren verlassen, ist die Kulisse ungeschützt dem Klima ausgesetzt.

Von der Baustelle zum Protagonisten

Léos Carax, Juliette Binoche und die anderen geben das Projekt nicht auf. Sie sind davon überzeugt, daß sie den Film zu Ende bringen werden, egal auf welche Weise. »Einen Moment lang haben wir sogar davon gesprochen, die Story im Notfall mit Video auf dem echten Pont Neuf fertigzudrehen ... oder mit unfertigen Teilen der Installation. Das hätte etwas Surrealistisches geben können, etwas total Verrücktes. Irgendwie war einfach alles möglich.« (J. B. in: CAHIERS DU CINÉMA 443, 4/91)

Das Durchhaltevermögen und die Bemühungen haben Erfolg: Man findet einen Produzenten, der bereit ist, das Begonnene zu Ende zu bringen, und ein von Jack Lang gegründeter Fonds zur Rettung des französischen Autorenfilms übernimmt die Bankschulden.

Im Juni 1990 können die Arbeiten mit Christian Fechner als Produzent wiederaufgenommen werden:

Auf 800 Quadratmetern Fläche entstehen der Pont Neuf und die Uferfront, die 80 Quadratmeter an Höhe mißt. Schritt für Schritt, Detail um Detail wird aus der Baustelle ein Drehort. Drei Monate später können die Dreharbeiten beginnen; ein Teil der Mannschaft bleibt und verwandelt diesen vierten Hauptdarsteller entsprechend der verschiedenen Jahreszeiten, die das Drehbuch vorsieht.

Drei Jahre lang hat die Konstruktion sich hingezogen, Hunderte von Menschen waren beschäftigt, Techniker und Bühnenbildner. Schmunzelnd ziehen einige Bilanz: 27 Tonnen Gips, 20 Millionen Schrauben, neun Millionen Nägel, zwölf Fußballstadien Sperrholz, 500 Tonnen Beton und 40 Kühe, 60 Schafe, 50 000 Liter Wasser, mehr als 1300 Liter Wein, 13 Babys, ein Arbeitsunfall ...

Es ist eine der teuersten Filmkulissen, die das europäische Kino je gesehen hat: Sie läßt die Kosten des auf 35 Millionen Francs geplanten Films auf 130 Millionen Francs (40 Millionen Mark) steigen.

Man fühlt sich an die gigantischen Bauten der Filmgeschichte erinnert, an Babylon in *Intolerance* von David Wark Griffith, an die Atlanta-Kulisse für *Gone With the Wind*. Doch während diese Kulissen damals vor der Kamera ihren Untergang erlebten, ist *Les amants du Pont Neuf* längst abgedreht, sind Schauspieler, Filmcrew und der größte Teil der Dekorateure abgereist, als die Brücke und die gesamte Skyline um den Pont Neuf herum den Kränen und Baggern zum Opfer fallen.

Alles, was bleibt, ist die Nachbildung der Statue von Heinrich IV., versteckt vor den Augen der Öffentlichkeit: Sie wird in einem Hinterhof des Kinos Marcel Pagnol in Lansargue erhalten.

Léos Carax bedauert den Abriß: »Es wäre wunderbar gewesen, die Brücke stehenzulassen. Es herrschte eine ganz spezielle Atmosphäre, ein eigener Geist. Vielleicht hätte er an-

Der vierte Hauptdarsteller …

dere Menschen inspirieren können, Leute vom Kino, vom Theater, der Malerei und Kinder. Es war eine Kreation, die es wert war, daß man sie erhält. Man muß nur diese schrecklichen Bauten betrachten, die sich anhäufen!« (L. C. in: CAHIERS DU CINÉMA, Sondernummer Pont Neuf, Oktober 91)

Das unspektakuläre Ende der dreijährigen Odyssee eines Filmprojekts, das nur mit vielen Hindernissen seinen Abschluß findet. Für die Beteiligten, für Juliette Binoche, Denis Lavant, Léos Carax, Michael Vandestien und alle anderen bedeutet der Abriß nicht die Demolierung von Sperrholz und Gipsmassen, sondern den Abschluß eines gemeinsam erlebten Moments: »Es war wirklich das Gefühl, in einer Truppe zusammenzuarbeiten«, erzählt Juliette Binoche. »Ausgehend von vier oder fünf Personen, die sich kennen und die davon träumen, gemeinsam etwas sehr Schönes zu machen, alle Grenzen zu überschreiten, bis zum Äußersten zu gehen und alles auszuprobieren … Das ist wie ein Boot im Sturm, einer hält das Steuer, und die anderen halten die Segel, und man weiß ganz genau, wenn einer ins Wasser fällt, dann fallen alle. Jeder zählt in diesem Abenteuer.« (J. B. in: STUDIO MAGAZINE 77/93)

Das Kino, das Leben

Distanz und Nähe

Betrachtet man die Arbeitsweise von Juliette Binoche, dann versteht man einmal mehr: Eine neue Rolle, das ist kein Geschenk, kein *acte gratuit*, nichts ist im voraus gewonnen, jeder Schritt ergibt sich aus dem vorherigen, muß erschlossen werden, jede Darstellung gilt es zu erobern.

Erobern, das heißt kontinuierliche Arbeit, eine intensive und detaillierte Vorbereitung auf die einzelnen Rollen, die es erlaubt, jede Figur in ihrer Einzigartigkeit zu erfassen.

Erobern, das heißt Techniken ausbauen und perfektionieren, die Atmung, die Stimme, Gestik und Mimik. Es heißt einen Mittelweg finden zwischen Technik und Improvisation.

Erobern, das heißt eine enge Verschmelzung zwischen dem eigenen Leben und dem Film zulassen und den Rollen etwas von sich geben. Gleichzeitig so viel Abstand finden, daß nicht die eigene Persönlichkeit von der Darstellung aufgesogen wird.

Annäherung

Eine Figur wirklich durchdringen, das bedeutet, ihre Gefühle und Eigenschaften kennen und sich zu eigen machen für die Dauer eines Films.

Juliette Binoche nutzt eine intensive Vorbereitungszeit, um sich die jeweilige Rolle anzueignen. Es geht darum, zu verstehen, wer die dargestellte Person ist, sie ganz und gar zu erfassen, das Umfeld, die Herkunft; die Gefühle und Reaktionen sollen erklärbar, nachvollziehbar werden.

Sehr früh schon erfährt Juliette Binoche die Notwendigkeit einer Vorbereitung, bei der es darum geht, die Atmosphäre zu erspüren, in der eine Rolle angesiedelt ist. Eine Stimmung zu schaffen, die die Drehbuchkonzeption einer Figur ergänzt, die nur schwer sichtbar ist im Film, die aber, wenn sie fehlt,

Grenzen und Möglichkeiten der verschiedenen Darstellungen müssen abgetastet werden.

eine erschreckende Leere hinterläßt. Die Zusammenarbeit mit Jean-Luc Godard bei *Je vous salue, Marie* (Maria und Joseph) ist in dieser Hinsicht beispielgebend. Godard verlangt viel von seinen Schauspielern, er verlangt mehr, als Text und Gesten zu beherrschen, die das Drehbuch vorschreibt. Er versucht, zu den Figuren hinzuführen, ihren Lebensraum und ihre Gefühlswelt vorsichtig abzutasten. Er läßt die Schauspieler Bücher lesen, die für Rolle und Thematik sensibilisieren, er läßt sie Musik hören, die die Atmosphäre des Films in sich trägt. Ähnliche Erfahrungen kann Juliette Binoche mit anderen Regisseuren sammeln. André Téchiné (*Rendez-Vous*) gibt ihr für die Darstellung der Nina ein Buch über Rodin zu lesen, und er weist sie auf ein bestimmtes Gemälde von Van Gogh hin.

Die Möglichkeiten des Gesichtsausdrucks.

Es sind die verschiedenen, beinahe undurchdringbaren Windungen eines Charakters, die den Ausgangspunkt bilden für unterschiedliche Spielweisen. Ist einmal verstanden, was die dargestellte Person denkt und fühlt, dann werden für sie unterschiedliche Handlungsweisen und spontane Reaktionen möglich, und eine Szene kann völlig variiert werden: Innerhalb von genau festgelegten Texten und Dialogen kann die Phantasie und Vorstellungskraft des Schauspielers eingesetzt werden. Wie man solche Freiräume nutzen kann, erfährt Juliette Binoche zum ersten Mal während ihrer Dreharbeiten mit Jacques Doillon. Er habe manchmal absichtlich Unfälle verursacht, indem er den Schauspieler einen Text hat sprechen lassen, der vom Drehbuch abweicht. Er probiert aus, was passiert, mißt ab, was möglich ist für die Darstellung.

»Eine Rolle«, sagt er, »ist immer die Begegnung zwischen einem Schauspieler und der dargestellten Person. In diesem Sinne muß man dem Schauspieler zugestehen, eine eigene Interpretation zu verwirklichen.« (J. D. in einem Gespräch mit K. Blum)

Eine solche Form der *Improvisation* verlangt eine enorme Vorarbeit und kann nur gelingen, wenn die Figur ganz erfaßt ist.

Die Zusammenarbeit mit dem Regisseur, dem Drehbuchautor und/oder dem Romanautor ist da von enormer Bedeutung: gemeinsam eine Vorstellung von der Figur entwickeln, verstehen, was das Wesentliche ist für ihren Charakter, sich fragen, wer sie ist. Für den Film *Damage* (Verhängnis) von Louis Malle erfolgt eine intensive Zusammenarbeit mit der Romanautorin Josephine Hart. Juliette Binoche erzählt, daß sie Anna durch den Roman (nicht durch das Drehbuch) kennenlernte und daß die Gespräche mit der Autorin von enormer Wichtigkeit waren, um eine Interpretation zu finden, die der Figur gerecht wurde. Im Roman – wie im Film – wird alles aus der Sicht von Stephen erzählt, Annas Geliebtem, und es war notwendig, Annas Sicht zu finden und zu spielen. »Ich wußte, daß es nur eine einzige Route für Anna gab. Es kam darauf an, die richtige zu wählen … Es durfte keine Zweideutigkeiten geben.« (J. B. in: Studio Magazine 68/92)

Josephine Hart ist diejenige, die Juliette Binoche Sicherheit für ihr Spiel vermitteln kann;, mit einer Geste zeichnet die Autorin eine ganz gerade, aufrechte Linie in die Luft. »Das hat mich den ganzen Film über getragen«, sagt Juliette Binoche, »Anna mußte der Bootsmast sein, eine Skulptur von Giacometti, eine ganz gerade Linie, aufrecht.« (Ebd.) Es erfolgt eine wirklich persönliche Annäherung, und Juliette Binoche entwickelt ihre eigenen Vorstellungen von der Figur, sogar so weit, daß sie teilweise von denen des Regisseurs abweichen.

Auf der anderen Seite, jedesmal wenn sie den Eindruck hat, in der Vorbereitung nicht alles gegeben zu haben, bleibt das ungute Gefühl, der Rolle nicht gerecht zu werden. Von den Dreharbeiten zu *Mon beau frère a tué ma sœur* erzählt Juliette Binoche zum Beispiel, daß sie viel mehr mit dem Regisseur Jacques Rouffio hätte arbeiten müssen, »nicht unbedingt am Text, aber an der Figur, das heißt darüber, welche Farben Esther liebt, welches Parfüm sie benutzt etc. (…) Auch physisch: Mit fünf Kilo weniger hätte ich der Person von Esther sicher mehr entsprochen. Sie ist wie ein Floh, immer hyperagil. Doch dieses Verlangen hatte ich nicht. Das alles sind Details, doch ich denke, daß sie wirklich wichtig sind.« (J. B. in: PREMIÈRE 108/86)

Jede Darstellung gilt es zu erobern: Für die Kreation von Annas Charakter erfolgt eine intensive Zusammenarbeit zwischen dem Regisseur Léos Carax und Juliette Binoche.

Details, auf die sie bei ihrer Arbeit viel Wert legt, die im Mittelpunkt der Rollenvorbereitung stehen.

Als Juliette Binoche bei Philip Kaufman *The Unbearable Lightness of Being* die Tschechin Teresa spielt, führt sie lange Gespräche mit einer befreundeten Tschechin: Es ist der Versuch, nachzuempfinden, was es bedeutet, im Exil zu leben. Außerdem muß sie Englisch sprechen in dem Film, ein Hindernis, das sie hervorragend meistert. In den folgenden Jahren erweitert sie ihre Sprachkenntnisse und dreht noch zwei weitere Filme in englischer Sprache: *Les Hauts de Hurlevent* von Peter Kosminsky und *Damage* von Louis Malle. (Der Film von Kosminsky bleibt sowohl in Frankreich als auch in Deutschland unveröffentlicht.)

Für die Interpretation der Malerin Michèle in *Les amants du Pont Neuf* geht Juliette Binoche – wie auch ihr Filmpartner Denis Lavant und Regisseur Léos Carax – auf die Straße. Sie lernt die Mädchen und Frauen kennen, die obdachlos durch die Großstadt treiben. »Es ist ganz einfach: Es reicht, daß du deine Tasche nimmst und daß du rausgehst. Zwei Jahre eines direkten Kontakts mit der Straße haben sich so etabliert. Es sind Menschen, die ein normales Leben führten und dann Stück für Stück zu Außenseitern wurden. Ich habe viele davon gekannt. In den meisten Fällen war es ähnlich: Mädchen, die ein bißchen in Kontakt mit Drogen gekommen waren, die es nicht schafften, das zu überwinden, die es nicht schafften, zu arbeiten. Für andere ist es eine alte Wunde, irgend etwas das in ihnen zerbrochen ist.« (J. B. in: PREMIÈRE 175/91)

Als es um die Darstellung der Anna in *Mauvais sang* geht, erfindet Juliette Binoche gemeinsam mit dem Regisseur Léos Carax den Charakter und die Persönlichkeit der Figur. Sie legen bei dem Mädchen Anna Eigenschaften an, die im Film nicht unbedingt sichtbar sind, die aber dazu beitragen, der Figur mehr Dichte zu verleihen, die ihr Leben einhauchen. »Diese Kreation war so intensiv, daß ich in den wenigen Momenten, in denen ich vergessen hatte, das Parfüm aufzulegen, welches wir Anna zugedacht hatten (Coco von Chanel), wirklich Schwierigkeiten hatte zu drehen. Ich hatte den Eindruck, zu spielen, aber nicht zu sein.« (J. B. in: PREMIÈRE 112/86) Dieses Vorgehen erlaubt Juliette Binoche eine sehr intime Annäherung an die Rolle. Sie erzählt, daß sie in der Filmkulisse sogar persönliche Dinge versteckte, kleine Gegenstände in Annas Jackentasche, einen Block und einen Bleistift in der Schublade ihres Zimmers, Gegenstände, von denen niemand wußte außer ihr … und Anna.

Eine intensive Vorbereitung verlangt einen enormen Arbeitseifer, die Bereitschaft, alle zur Verfügung stehende Energie einzusetzen.

Die Zusammenarbeit mit Léos Carax stellt sicher ein Extrem an Kraftaufwand dar, ein Extrem, das es vielleicht zu modifizieren gilt, das aber eine wichtige Erfahrung für Juliette Binoche darstellt. Die Arbeitsmethoden gehen weit über das Herkömmliche hinaus. Die besagte Kreation von Annas Charakter für *Mauvais sang* erfordert enorm viel Zeit und persönliche Investition. Für die Interpretation einer fast wortlosen Beziehung (zu Alex) geht es zunächst darum, zu wissen, was es heißt, Filme ohne Sprache zu machen. Zusammen mit der Crew sieht sich Juliette Binoche die alten Stars an, läßt die Bilder vergangener Zeiten auf sich wirken. In einer Zeit, in der Kino zunehmend eine öde Bilderfolge mit inhaltsleeren Dialogen zu werden droht, geht es darum, sich mit der Intensität von Bildern vertraut zu machen. Ein wichtiger Schritt für Juliette Binoche: Zunehmend kann sie die Möglichkeiten des Gesichtsausdrucks erfühlen, weiter ausbauen. Und wenn sie später von der Bedeutung des Lichts sprechen wird, davon, wie wichtig es ist, gut zusammenzuarbeiten, dann hat sie in dieser Zeit grundsätzliche Kenntnisse über Effekte von Licht und Kamera erworben.

Die Dreharbeiten zu *Les amants du Pont Neuf* stehen von Anfang an unter einem schlechten Stern, Probleme und Zwischenfälle deuten sich schon bei der Vorbereitung an. Wegen Produktionsschwierigkeiten (siehe Abschnitt: Eine Brücke in Südfrankreich) schleppt sich die Entstehung des

Films über drei Jahre dahin, und Juliette Binoche bleibt während der ganzen Zeit in dieses Projekt verwickelt. Sie beginnt wieder zu malen, ihre Zeichnungen werden im Laufe der Dreharbeiten immer besser, werden »kamerareif«. (siehe Abschnitt: Pinsel und Farben). Sie trainiert ihren Körper hart, um den akrobatischen Anforderungen im Film gerecht zu werden: Tanzen, Körperbeherrschung, Wasserski.

Carax fordert viel von seinen Schauspielern: »Juliette und Denis wußten, daß ihre Körper, die ausgebrannt waren von dem Leben von Alex und Michèle, bald schon wieder geweckt würden von dem Akrobaten und der Tänzerin, die mit uns arbeiteten. Das war unser Leben geworden, heiß und kalt, dieses Pingpongspiel zwischen der Müdigkeit und einer elektrischen Energie. Ich übte gemeinsam mit Denis seine gefährlichen Sprünge, mit Juliette machte ich Wasserski ... Ich verlangte von den Schauspielern manchmal, ohne Schlaf auszukommen, teilweise sogar auf der Straße zu leben, aber ich wollte ihnen auch Freude geben. Wir versuchten immer einen Arbeitsplan aufzustellen, der es erlaubte, daß man die Figuren leben konnte.« (L. C. in: CAHIERS DU CINÉMA, Sondernummer Pont Neuf, Oktober 91)

Es geht darum, das Beste zu geben, jede Szene vielleicht wie eine Probeaufnahme zu spielen, wie beim Vorsprechen. Hier, meint Juliette Binoche, sind die Schauspieler am besten: »Das Risiko ist größer, die Rolle muß noch gewonnen werden. Wenn man sie einmal hat, dann muß man die einzelnen Szenen erobern, doch man hat dann die Rolle hinter sich.« (J. B. in: CAHIERS DU CINÉMA 374/85)

Technik und Improvisation

»Ich weiß nicht, ob man das Spielen als eine Kunst bezeichnen kann, aber was für einen Schauspieler wirklich außergewöhnlich ist, ist die Tatsache, daß er sich nur seiner Stimme bedient, seines Blickes, seines Körpers, seines Lebens.« (J. B. in: STUDIO MAGAZINE 24/89) Die unterschiedlichen Techniken können als Rüstzeug für die Arbeit dienen, sie müssen

Arbeitsutensilien ersetzen, die der Schauspieler nicht besitzt. Er hat keine Farben oder Pinsel, kein Papier, keine Musikinstrumente, keine Stoffe oder ähnliches.

Bevor ihre Karriere beginnen kann, besucht Juliette Binoche das städtische Konservatorium in Paris, später private Schauspielkurse (siehe Kapitel: Auf dem Weg zum Film). Sie ist vielseitig, erweitert und perfektioniert schon zu Beginn ihrer Laufbahn ständig das eigene Repertoire. Sie erzählt davon, daß spezielle Techniken dazu dienen können, eine schwierige Szene zu meistern:

»Ich zwinge mich dazu, Dinge zu tun, die in einem völligen Gegensatz zu der Situation stehen, die ich spielen werde. Wenn es sich beispielsweise um eine sehr dramatische Szene handelt, dann entspanne ich mich, bin heiter, und alles ist in Ordnung. Zehn Minuten vor der Aufnahme sammle ich mich dann. Dieses Prinzip, in nur wenigen Augenblicken von einem Extrem ins andere zu wechseln, macht eine Figur komplexer und bereichert die ganze Situation sehr viel mehr, als wenn man in einer einzigen Richtung eingeschlossen bleibt. Mit dieser Technik erfinde ich übrigens nichts Eigenes, all das habe ich von Vera Gregh gelernt.« (Vera Gregh ist die Leiterin der privaten Schauspielkurse, die Juliette Binoche in Paris besuchte.) (J. B. in: Cinématographe 119/85)

Es geht darum, sich ein Handwerkszeug zu schaffen für die verschiedenen Darstellungen, persönliche Grenzen und Möglichkeiten abzutasten, um dann darüber hinausgehen zu können und die eigenen Fähigkeiten zu erweitern. Insbesondere die privaten Schauspielkurse bei Vera Gregh erlauben Juliette Binoche, in dieser Hinsicht neue Erfahrungen zu sammeln und Arbeitsweisen zu erproben, die sie am städtischen Konservatorium nicht lernen konnte: »Dort gab es einen Haufen von Regeln und Tabus«, erzählt sie, »man mußte artikulieren, nicht den Rücken zum Publikum drehen, sich nicht auf die Erde setzen und so weiter. Dann bin ich bei Vera in den Kurs gekommen, und alles war genau das Gegenteil. Man versuchte, auf den Instinkt zu hören und eine Szene zu leben, statt sie zu spielen. (…) Eines Tages stellte ich zum Beispiel einen Part aus ›On ne badine pas avec l'amour‹ von Alfred de Musset vor. Vera steht auf und sagt zu mir, ich solle sofort mit meinem Zirkus aufhören: ›Genug, Juliette, genug, ich verstehe nicht, was du da machst, es geht nicht! Niemals wird es gehen!‹ Ich war völlig aufgelöst und fing an zu heulen, ich fühlte, daß es mir niemals gelingen würde, und da sagt Vera mir, ich solle weitermachen. Ich weine immer noch, als ich die Szene wiederaufnehme, und ich spiele Camille ganz naiv, verliebt und durch ihre Liebe völlig durcheinander. (…) Als ich fertig war, meinte Vera, daß ich Camille wohl niemals wieder so spielen würde. An diesem Tag hat irgend etwas in mir klick gemacht … Ich habe verstanden, daß es darum geht, zwischen meiner Stimmung und der Figur eine Wahrheit zu finden.« (Ebd.)

Ohne sich darin zu erschöpfen, bildet der Ausbau schauspielerischer Techniken den Ausgangspunkt für das Spielen. Die konkrete Interpretation geht dann weit darüber hinaus, fordert die eigene Persönlichkeit heraus und verlangt einen hohen persönlichen (intimen) Einsatz.

… das Leben, die Arbeit

Die unterschiedlichen Rollen von Juliette Binoche erfordern ihr ganzes Engagement, gerade dort, wo das Innenleben der Figuren im Mittelpunkt der Darstellung steht, erscheint eine gefühlsmäßige Annäherung zentral.

Das bedeutet, sich mit Kopf, Haut und Haaren geben. Die eigene emotionale Situation steckt die Grenzen ab für die Gefühle, die man verinnerlichen und spielen kann. Der persönliche Einsatz scheint voll und ganz zu erfolgen – das fordert Nähe. Manchmal gibt man zuviel Nähe, zuviel von sich selbst. Es ist ein schmaler Grat zwischen der Distanz, die notwendig ist – um zu überleben? –, und vollkommener Hingabe an eine Rolle, die es erlaubt, den Figuren soviel Aussagekraft zu geben – ohne ein Wort zuviel zu sagen.

Man muß ausloten, wann wieviel Abstand notwendig ist für

Die Gefühle Julies gelangen dank der Sensibilität von JB an die Oberfläche.

die Rolle … und für sich selbst, für das eigene Überleben. Das hat Juliette Binoche bei den Dreharbeiten zu *Les amants du Pont Neuf* gelernt: »Beim ersten Mal war ich ganz in dem Film aufgegangen und war tatsächlich Michèle. Aber der Schmerz war so unerträglich, daß ich einen Weg finden mußte, anders zu arbeiten. Also habe ich mich von der Figur nach und nach gelöst. Und nach Drehschluß war es dann vorbei.« (J. B. in: SZ vom 14.12.92)

Juliette Binoche strebt danach, nicht mehr so tief in eine Rolle hineinzuwachsen, mit ihr zu verwachsen, denn sie erkennt die Risiken, die damit verbunden sind: »Spielen verbindet sich in einem Maße mit der eigenen Persönlichkeit, mit den eigenen Gefühlen, daß man daran sterben kann. So wie Marilyn Monroe zum Beispiel. Das macht den Beruf gefährlich – und faszinierend. Es ist der Grund, warum man so viel darüber spricht: Man weiß nie, wo die Grenze ist. Wenn man die Geschichte des Kinos betrachtet, die Geschichte der Schauspieler und Schauspielerinnen und wenn man sieht, wer verrückt geworden ist und wer nicht … dann kann das beunruhigend sein.« (J. B. in: STUDIO MAGAZINE 12/88)

Man kann sowohl bei der Rolle der Anna in Louis Malles *Damage* als auch bei Julie in *Trois couleurs: Bleu* eine immer professioneller erscheinende Mischung aus Distanz und Nähe feststellen: Man hat den Eindruck, Juliette Binoche gibt alles, um die Figur glaubwürdig darzustellen: Geist, Seele, Körper, ohne jedoch ganz mit der Figur zu verschmelzen. Wenn man in *Blau,* das Gefühl hat, der Protagonistin ganz tief in die Seele zu blicken, dann sind es die Gefühle Julies, die dank der Sensibilität von Juliette Binoche an die Oberfläche gelangen. Jede Figur bedeutet, sich erneut ganz einzulassen, sich so weit einzubringen, wie es das Drehbuch, die Geschichte erfordert – und die persönliche Situation erlaubt. Das bedeutet auch Veränderungen, die man mit den Rollen erfährt, zu erkennen und zu akzeptieren, sie nutzbar zu machen für die weitere Arbeit: »Filme sind wie Türen, die sich öffnen, d. h., sie sind viel mehr Frage als Antwort, und eine Rolle bringt die andere hervor.« (J. B. in: STUDIO MAGAZINE 77/93)

Die Filme verändern den Menschen; neue Erfahrungen, Erlebnisse, neue Gefühle und die Begegnung mit bisher unbekannten Menschen, all das führt dazu, einen Schritt weiter zu gehen, Rollen zu spielen, die einem bisher verschlossen waren. Für die Darstellung der Anna in *Damage* sind die Erfahrungen aus dem vorherigen Film, *Les amants du Pont Neuf,* zum Beispiel besonders wichtig: »Da wir mit den *Liebenden von Pont Neuf* drei Jahre lang in einer Sackgasse waren, mußten wir uns irgendwie mit uns selbst beschäftigen. Man mußte Notausgänge finden. Das Überleben, der starke Wille dazu, der in Anna steckt, ist eben etwas, was ich selbst erlebt habe.« (J. B. in: TAGESPIEGEL, 20.12.92)

Es geht darum, die Rollen so zu wählen, daß sie der persönlichen (und professionellen) Entwicklung entsprechen, »die Auswahl so zu treffen, wie die Rollen auf einen zukommen und wie man selbst auf die Rollen zukommt« (J. B. in: TÉLÉRAMA, Sondernummer, September 93). Als Steven Spielberg ihr eine Rolle in *Jurassic Park* anbietet, lehnt Juliette Binoche ab und entscheidet sich statt dessen dafür, *Trois couleurs: Bleu* mit Kieslowski zu drehen. »Spielberg hatte mir gesagt: ›Ich würde dich gerne in einem Actionfilm sehen, in einem Film, in dem du springst und rennst.‹ Es stimmt, daß mich

Es geht darum, ein Gleichgewicht zu finden, zwischen dem Leben und dem Kino ...

das gereizt hat. Aber die beiden Filme von Spielberg und Kieslowski wurden zur selben Zeit gedreht, und ich mußte mich entscheiden. Ich hatte das Gefühl, daß es wichtiger war, von dieser Frau, von Julie zu erzählen. Wenn man alles verloren hat, seinen Mann, sein Kind, was bleibt dann? Was macht man dann? Für mich ist der Umstand, in den USA zu arbeiten, auch kein Muß. (…) Ich habe zwischen den beiden Filmen gezögert, doch ich denke, daß das Gleichgewicht eines Schauspielers das Gleichgewicht zwischen etwas geben und sich geben ist. (…) Das ist vielleicht das Wesentliche für einen Schauspieler, denn es geht so schnell, daß man sich verliert, daß man alles miteinander verwechselt, das Leben und das Kino, die Rolle und sich selbst.« (J. B. in: STUDIO MAGAZINE 77/93)

Juliette Binoche scheint einen solchen Ausgleich, ein Gleichgewicht gefunden zu haben, wenn sie dem Leben einen immer höheren Stellenwert einräumt und es verhindert, vollkommen in einer Darstellung aufzugehen. Nicht das Kino an sich ist das Ziel, sondern der Moment, in dem ein Film entsteht, die Zusammenarbeit und die Erfahrungen, die man macht und die das eigene Leben beeinflussen – manchmal auch verändern. Als sie gefragt wird, was sie vorziehe, einen Zahn gezogen zu bekommen ohne Betäubung oder einen Flop zu landen, zieht sie den Flop vor. Das Leben wird wichtiger als das Kino, und vielleicht ist es genau dieser Umstand, der dem Spiel von Juliette Binoche Kraft und Lebendigkeit gibt.

Einer solchen *Gewichtsverlagerung* entspricht eine neue Arbeitsweise seit den Dreharbeiten zu *Trois couleurs: Bleu;* es ist die Malerei, die zu einem wesentlichen Teil der Rollenvorbereitung wird:

»Bei *Les amants du Pont Neuf* (Die Liebenden von Pont Neuf) habe ich sehr viel physische Arbeit geleistet. Ich bin auf die Straße gegangen, habe Wasserskifahren gelernt und vieles mehr. Seit den Dreharbeiten zu *Blau* arbeite ich anders, vor allem durch die Malerei.« (Ebd.)

Pinsel und Farben

»Die Malerei? Hier finde ich eine neue Freiheit. Es gibt kein Urteil, während ich zeichne, da bleibt der Blick des anderen abwesend.« (J. B. in: STUDIO MAGAZINE 77/92) Die Kunst wird für Juliette Binoche der Gegenpol zu einem Beruf, in dem jede Geste unter Beobachtung steht, in dem der gesamte Entstehungsprozeß des für den Zuschauer sichtbaren Kunstwerks, des Films, kontinuierlich den Blicken der Umgebung ausgesetzt ist. Ein Beruf, in dem der Künstler sich selbst ganz geben muß: Das Instrument für die Arbeit ist er selbst. »Ein Instrument, das sich verändert, das altert. Bei der Malerei hingegen, da habe ich Tuben und Pinsel in der Hand, eine Leinwand, ich stehe dem, was aus meinem Innersten kommt, gegenüber, ich kann es betrachten ohne Zeugen.« (J. B. in: STUDIO MAGAZINE 24/89)

… zum Beispiel in einer neuen Arbeitsweise: der Malerei.

103

Juliette Binoche malt seit ihrer frühen Kindheit, und nach dem Abitur reicht sie sogar einige Werke an der Akademie der schönen Künste ein. Doch es ist die Schauspielerei, die ihren Werdegang bestimmt. Sie hört auf zu malen, zu viele neue Eindrücke stürmen auf sie ein, neue Erfahrungen drängen sich auf.

Und dann kommen die Begegnung mit Léos Carax und die Dreharbeiten zu seinem Film *Les amants du Pont Neuf.* Juliette Binoche spielt eine Malerin. »Von Anfang an war da die Malerei«, erzählt der Regisseur, »Juliette malte als Kind und als Jugendliche, dann hat sie damit aufgehört für das Kino. Durch das Kino wollte ich ihr nun die Malerei wiedergeben. Ganz allmählich hat sie dann wieder zu den Pinseln gefunden, zu den Ölfarben, zur Leinwand. Nach und nach hat sie sich mit ihrer ganzen Energie darangegeben, das Haus brach beinahe unter den Zeichenkartons zusammen, es war phantastisch.« (L. C. in: CAHIERS DU CINÉMA, Sondernummer Pont Neuf, Oktober 91)

Michèles Zeichnungen in *Les amants du Pont Neuf,* ihre verzweifelten Versuche, dem Schwinden des Augenlichts zu trotzen, das sind die Bilder von Juliette Binoche, es ist ihre schrittweise Annäherung an die Malerei. Drei Jahre lang ziehen sich die Dreharbeiten hin, drei Jahre lang bleibt Juliette Binoche mit dem Filmprojekt und der Rolle verwachsen. Ihre Zeichnungen werden ausgereifter, mit immer mehr Sicherheit führt sie Farben und Konturen zusammen. Es gehört zur Vorbereitung, ist Teil ihrer Rolle und geht gleichzeitig weit darüber hinaus. Die Bilder werden zu einer weiteren Herausforderung neben der Schauspielerei. »Eine der großzügigsten Gesten von Léos Carax«, nennt Juliette Binoche diese Rolle, die ihr einen neuen Kontakt zur Kunst erlaubte.

Immer mehr wird die Malerei zu einem wichtigen Teil ihres Lebens: Sie wird zum Zufluchtsort, bietet Rückzugsmöglichkeiten von der Schauspielerei. Gleichzeitig wird sie zur Inspirationsquelle für Juliette Binoches Arbeit und erlaubt es, andere, neue Ausdrucksformen zu finden, eine neue Art

»Es ist das Kino, das Juliette Binoche seinen alten Pinsel reicht« (Léos Carax).

und Weise, sich einer Figur zu nähern. Sich ausdrücken mit Pinsel und Farbe, ausprobieren auf Zeichenkartons und Leinwand wird zu einem Teil ihrer Rollenvorbereitung.

Als sie den Bühnendekorateur Christian Fenouillat kennenlernt, bekommt die Malerei eine neue Dimension – ohne jedoch den privaten Rahmen zu überschreiten: Kunst zu zweit,

Ein gigantisches Gemälde wird konzipiert (150 qm).

gemeinsam Malen, kommunizieren mit den Bildern. Sie trifft Christian Fenouillat bei einer Aufführung von Bernard-Marie Koltés »Roberto Zucco«: Juliette Binoche ist begeistert von der Bühnendekoration. »Man hat den Eindruck«, sagt sie, »die ganze Bühne wird zu einem einzigen Gemälde.« In einem kleinen Restaurant neben dem Theater trifft sie Fenouillat und erzählt von ihren Eindrücken, sie gratuliert ihm zu seiner Dekoration. Die beiden fangen an über die Malerei zu sprechen, über Kunst im allgemeinen und über ihre Bilder. Er kennt ihre Zeichnungen aus dem Film *Les amants du Pont Neuf* und aus der Sondernummer der *Cahiers du Cinéma*, die von Léos Carax herausgegeben worden ist. Jeder ist von dem, was der andere macht, angezogen: »Juliette arbeitet eher figurativ und ich eher abstrakt, wir haben uns gesagt, daß wir uns zusammentun könnten, daß wir versuchen könnten, ein gemeinsames Atelier zu finden.« (Ch. F.)

Die Ausstellung: Es herrscht Atelierstimmung.

Im 20. Arrondissement von Paris finden die beiden den Ort, den sie suchen: weit weg von den gigantischen Bauten der vergangenen Jahrhunderte und den Kunstpalästen der Moderne, weit weg von den ehemaligen Künstlervierteln um St. Germain und Montparnasse. Ein Quartier, in dem die Touristen höchstens den Friedhof Père Lachaise besichtigen; eines dieser alltäglichen, gemischten Viertel, wo die Neubaublöcke letzte pittoreske Straßenzüge verdrängen, wo Menschen unterschiedlicher Herkunft und aus verschiedenen sozialen Schichten leben, dort, wo mitten in der Hauptstadt einige wenige Straßen noch ein bißchen Lebensraum bieten.

In dem neuen Atelier beginnen Juliette Binoche und Christian Fenouillat zunächst jeder für sich zu arbeiten. Man verabredet sich, spontan, von einer Woche zur nächsten oder für später. Es sind Treffen, bei denen sie zunächst gleichzeitig malen, nicht zusammen, sondern nebeneinander … Irgendwann einmal erörtern sie gemeinsam ein Problem, zeichnen plötzlich auf demselben Karton und machen so weiter, Bild um Bild ...

»Es war eine Art, miteinander zu sprechen, sich auszudrücken, und es bleibt für jeden von uns dieser Rückzug aus unserem Beruf. Es ging darum, etwas zu machen, was normalerweise nicht zu unserem Leben gehört, etwas vollkommen anderes.« (Ch. F.)

Die Kunst ist für beide eine sehr persönliche Beschäftigung, intimer als die Arbeiten am Theater und beim Film. Das Atelier wird gleichsam zum Ort des Vergessens und der Inspiration.

Trotz dieses intimen Charakters, beschließen sie, die Zuschauer in die begonnene – figurative – Kommunikation miteinzubeziehen, und konzipieren ein Gemälde eigens für eine Ausstellung.

Es ist das Festival *Acteurs-Acteurs* in Tours, das den Vorschlag macht und den Rahmen für die Ausstellung bietet: »Carte blanche« für Juliette Binoche und Christian Fenouillat, die Möglichkeit, irgend etwas für das Festival zu organisieren, je nach Wunsch, etwas, was mit dem Künstler zu tun hat. Warum nicht die Malerei? Hanna Schygulla stellt zum Beispiel im selben Rahmen Lieder aus Fassbinder-Filmen vor. »Wir haben über diese Möglichkeit auszustellen nachgedacht, anfangs waren wir nicht so überzeugt, unsere Malerei erschien uns als etwas Nichtöffentliches, ein Laboratorium, wo wir experimentieren.« (Chr. F) Doch sie entscheiden sich für die Ausstellung, sprengen den privaten Rahmen. Im Laufe eines Jahres kommt es zu verschiedenen mehr oder weniger spontanen Treffen, nichts Regelmäßiges; das wäre auch unmöglich angesichts der Tatsache, daß beide stark in ihre Arbeit eingebunden sind.

Im März 1994 ist es dann soweit: Zur Eröffnung des Festivals haben sie ein 150 Quadratmeter umfassendes Werk erstellt,

Rechte Seite: Das Gemälde fällt der Schere zum Opfer: Alles muß aufgeschnitten werden.

Jeder, der möchte, kann ein Stückchen des Gemäldes mitnehmen ...

haben mit ihren Händen diese immense Leinwand bemalt. Es
ist ein Werk, das explizit für diese eine Gelegenheit erstellt
wurde und in dieser gigantischen Form nicht aufbewahrt
wird: Es geht nicht um den kommerziellen Aspekt, sondern
darum, zu zeigen und zu sehen. Juliette Binoche und Christian Fenouillat beschließen, das Gemälde am Ende der 14tägi-
gen Ausstellung zu zerschneiden und die einzelnen Stücke an
Freunde weiterzugeben und an alle, die kommen möchten.
Es herrscht Atelierstimmung an jenem Nachmittag, man
kennt sich, tauscht Neuigkeiten aus, betrachtet die Ausstellung, stellt Fragen oder kommentiert, was man sieht, ein bun-

... einen Teil dieser Farben ...

tes Durcheinander an Menschen, an Stimmen und – Farben.
Nur schwerlich erkennt man Juliette Binoche inmitten ihrer
Freunde, der Familie und den Veranstaltern. Gemeinsam mit
Christian Fenouillat ist sie damit beschäftigt, ihr Gemälde zu
zerschneiden. Sie überlegt, wo man die Schere ansetzt, welches Stück sie wem vermacht. Ob sie selbst auch ein Stück
behält? Sicher, schmunzelt sie, jenes dort, Blau wie das Blau
im Film. Doch die Leinwand nimmt kein Ende, sie ist gigan-
tisch, die beiden Künstler dürfen nicht zu lange überlegen, alles muß »aufgeschnitten« werden. Zunächst teilen sie lange
Streifen ab, dann kommt die Kleinarbeit: Mit der Schere

… ein Andenken an Juliette Binoche.

schneiden sie unterschiedlich große Vierecke. Auf dem Bo-
den häufen sich die Bildteile, irgendwo dazwischen sitzt Juliette Binoche, Jeans, ein weiter Pullover, ein langer schwarzer Mantel, scheinbar erinnert nichts an den Star jenes
Abends der César-Verleihung in Paris, an das Gesicht, das wir
aus den Filmen kennen, aber nur scheinbar: Konzentriert zerschneidet sie eine Bahn nach der anderen, nur ab und zu
schaut sie hoch, tauscht ein paar Worte aus, antwortet auf
Fragen. Ein ungeschminktes Lächeln, offen, müde vielleicht,
aber froh. Es ist ein bekanntes Lachen: Man denkt an die
schweigsame und in sich gekehrte Julie aus *Trois couleurs:*

Bleu, die in wenigen kostbaren Augenblicken in die Kamera lächelt.

Die Frage, ob es schmerzt, das Bild zu zerschneiden, verneint sie: »Es tut nicht mehr oder weniger weh, als wenn man einen Kuchen zerschneidet, im Gegenteil, es macht Spaß ... Vielleicht ist es auch der Umstand, zu teilen, aufzuteilen.« Doch lachend fügt sie hinzu, daß sie natürlich nicht beschwören möchte, in der kommenden Nacht keine Alpträume zu erleben.

Es ist die Transformation eines gigantischen Gemäldes, einer Leinwand, auf der sich alle nur vorstellbaren Töne vereinigen, man möchte meinen, virtuose Bewegungen, die Fortsetzung der Bewegungen ihrer Hände beim Auftragen der Farben, keine Pinsel, kein weiteres Hilfsmittel, kein Werkzeug, ein direkter Weg, Hand – Farbe – Leinwand, kindlich auf eine Art, natürlich.

Inmitten des kargen, eher düster wirkenden Raumes, in dessen Mitte Betonpfeiler die Decken abstützen, scheint das gigantische Werk Licht zu geben, ein Kinderlachen, vergangene Zärtlichkeiten und solche, die noch nicht begonnen haben. Hoffnung, vielleicht auch Tränen und Schmerzen, aber Leben, Atmen ...

Und jeder, der möchte, nimmt ein Stückchen dieser Farben mit, das Werk findet eine neue Form, die ursprüngliche Einheit zerfällt in eine – neue – Vielfalt. Das Bild wird auf diese Weise unterschiedliche Spuren hinterlassen, in verschiedene Räume eindringen und Orten eine Gemeinsamkeit geben, die an sich nichts Gemeinsames haben. Eine Aufteilung, die wie eine logische Konsequenz der begonnenen Kommunikation erscheint.

Den einzelnen Teilen, zufällig vereinten Farben auf unterschiedlich großen Stücken des Gemäldes, fügen die beiden Künstler einen Text von Veira da Silva bei: »Ich vermache meinen Freunden ein Keroleumblau, daß sie hoch fliegen können; ein Kobaltblau für das Glück; ein Überseeblau, das den Geist anregen soll; ein Zinnoberrot, um den Blutkreislauf zu stimulieren; ein Moosgrün, das die Nerven zu beruhigen vermag; ein Goldgelb – Reichtum; ein Kobaltviolett für die Träume; ein Krapprot, das das Cello ertönen läßt; ein Barytgelb, auf daß sie die Erde akzeptieren; ein Veronagrün für die Erinnerung an den Frühling; einen Ton Indigo, um den Geist an die Stürme anzupassen; ein Orange, daß sie in der Lage sind, den Zitronenbaum in der Ferne zu erblicken; ein Zitronengelb für die Gnade; ein klares Weiß, Reinheit; natürliche Sienaerde, die Verwandlung des Goldes; ein prunkvolles Schwarz, um Titian zu sehen; die Erde des Schatten, um die düstere Melancholie einfacher zu akzeptieren, und gebrannte Sienaerde für die dauerhaften Gefühle ...«

Annas Schweigen

Blicke, die Geschichten erzählen

Wenn Anna, wenn Juliette Binoche den Raum betritt, in dem
einer dieser offiziösen, eher steifen diplomatischen Emp-
fänge stattfindet, sind es ihre Blicke, die den weiteren Hand-
lungsverlauf bestimmen: Inmitten von oberflächlichen Ge-
sprächen, da wo Lächeln zur Routine wird und ein professioneller Schlagabtausch von Höflichkeiten stattfindet, begeg-

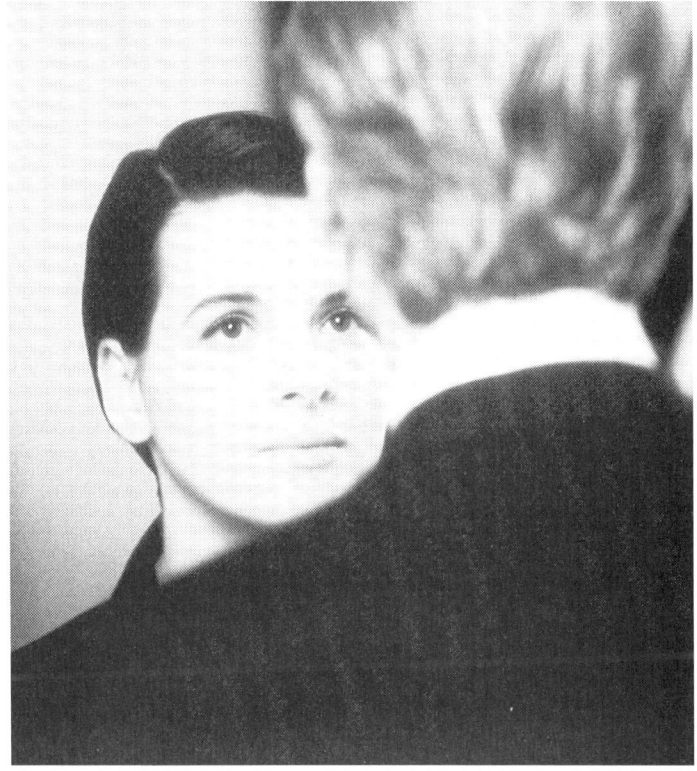

… ihren Blicken kann er sich nicht entziehen.

nen ihre Augen denen von Stephen (Jeremy Irons). Bis eben noch schien er eingepaßt in diese trockene Atmosphäre der Politik, gleichsam wie alle anderen von dem zwanghaften Bemühen beherrscht, unbefangen zu erscheinen, selbstsicher und erfolgreich.

Der Blick, den die beiden austauschen, scheint endlos, schweigend über alle anderen Köpfe hinweg drückt sich in ihren Augen die ganze Leidenschaft aus, die – je länger sie sich anschauen – förmlich danach schreit, ausbrechen zu dürfen, gelebt zu werden. »Gerade in dieser gesellschaftlich hochrangigen Umgebung, in dem Ambiente von Politik und Diplomatie, sind ihre Blicke ein Skandal, nackt und eindeutig, der vorweggenommene Geschlechtsverkehr und schlechthin obszön.« (Peter W. Jansen in: TAGESSPIEGEL vom 10.12.92)

Blicke, die nicht Gesten untermalen, sondern Handlungen bilden, komplexe Dialoge. Sie sind nicht in sich abgeschlossen, sondern kündigen exzessive Liebesszenen an und vervollständigen sich erst in diesen.

In *Damage* von Louis Malle verkörpert Juliette Binoche eine junge Frau, eine Frau mit Vergangenheit, souverän und geheimnisvoll. Kein Mädchen, keine ausgelassenen Spielereien, wie sie ansatzweise in *Les amants du Pont Neuf* zu sehen waren. Eine Frau, die im Mittelpunkt einer tragischen Dreiecksgeschichte steht und für zwei Männer zum Schicksal wird: für Stephen, dessen Geliebte sie wird, und für seinen Sohn Martyn (Rupert Graves), dessen Freundin und Verlobte sie ist.

Stephen besucht Anna kurz nach ihrer ersten Begegnung auf dem Empfang in ihrer Wohnung: Keine Reden, keine Gespräche, es ist nicht notwendig, sich kennenzulernen, beide wissen, was sie verbindet, daß es diese unbezwingbare Leidenschaft gibt, die sich unmittelbar entladen muß. Sie geben sich ganz ihren leidenschaftlichen Gefühlen hin, verleihen ihrer stummen Begegnung physische Gestalt. Es ist weder ein zufälliges Treffen noch eine Verabredung, ihr Wiedersehen

Eine Affäre ist unausweichlich für Anna und Stephen.

ist unumgänglich, es ist ein notwendiges, ein unausweichliches Aufeinanderprallen.

Die Anziehung, die Anna auf Stephen ausübt, scheint im Ausdruck ihrer Augen begründet zu sein: Leidenschaft, Verlangen und Mysterium. Soviel ihre Augen zu sprechen vermögen, so wenig offenbart sich doch Anna: Immer bleiben ihre Handlungen und Reaktionen ohne Erklärung, unergründlich.

Das Geheimnisvolle ist es auch, was Regisseur Louis Malle an der Figur faszinierte: »Anna ist diejenige, die ich letztlich nicht verstehe. Und ich war schon immer verrückt danach, Filme über Menschen zu machen, die ich nicht verstehe.« (L. M. in: SZ vom 15.1.93)

Juliette Binoche verfügt über genau jene Ausdruckskraft, die der Rolle den Aspekt des Geheimnisvollen gibt. Louis Malle

117

Oben und rechts: Ihre Leidenschaft kommt zum Ausbruch, es gibt kein Zurück.

hat diese Stärke erkannt und ausgebaut: Er setzt das Rätselhafte in Szene und betont das nach innen gekehrte Spiel von Juliette Binoche, ihr Schweigen. Mit nuancierten Gesichtsausdrücken deutet sie Gefühle und Eigenschaften von Anna an, ohne diese jemals ganz zu offenbaren. Sie erzählt, daß es ein langer Prozeß war, sich der Figur zu nähern: »Juliette mußte auf Anna zugehen, nicht umgekehrt. Ich mußte mich verändern, mußte ihre Verfügbarkeit finden, ihre Demut und ihren Stolz: Anna hat den Stolz einer Mutter, sie weiß, daß die anderen sie brauchen. Sie ist wie eine Skulptur von Giacometti: eine aufrechte gerade Linie.« (J. B. in: STUDIO MAGAZINE 69/92)

Stephens Verlangen nach Anna wird zunehmend stärker, immer häufiger muß er sie sehen – die ganzen, bisher nicht wahrgenommenen Gefühle kommen gewaltsam zum Aus-

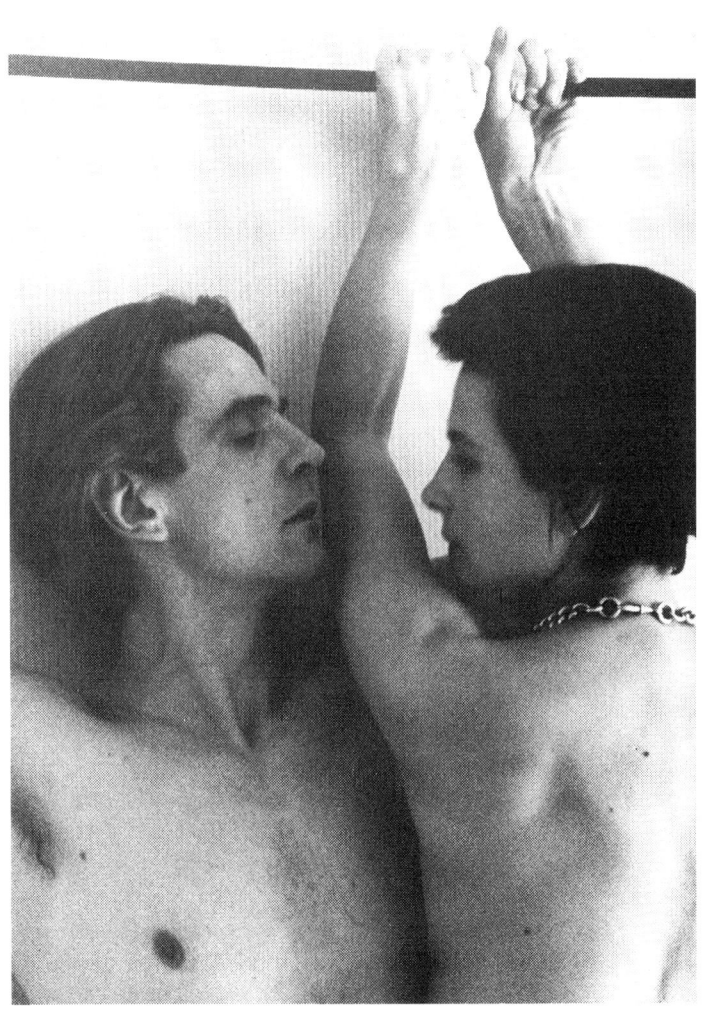

bruch: Er muß ihnen nachgeben, sie leben. Es ist wie ein innerer Zwang, plötzlich ist es ihm unmöglich, ohne Anna zu leben. Dabei wird Anna zwar zum Auslöser für Stephens Veränderung, doch bleibt sein Part aktiv. Er trifft die Entscheidungen, er handelt, drängt die Ereignisse vorwärts. Er hat

sich diese bürgerliche Existenz geschaffen, in der Leidenschaften keinen Platz haben, wo sie nicht an die Oberfläche drängen und man sich einer scheinbaren Stabilität und Ruhe hingeben kann. Erst als er Anna trifft, als er in ihren Bann gerät, verspürt er den Wunsch, seinen innersten Gefühlen zu folgen. »Als er dieser Frau begegnet, ist von einem Moment auf den anderen seine ganze Lebensweise, all das, was er jahrelang als normal empfunden hat, in Frage gestellt. Ihm ist klar, daß er nichts über die Liebe, Emotionen, Leidenschaft gewußt hat. Er ist völlig offen, nackt, weiß überhaupt nicht, wie er mit sich und seiner Situation umgehen soll.« (Louis Malle in einem Gespräch mit Heiko R. Blum anläßlich der Premiere von *Damage*)

Stephen setzt seine gesicherte Existenz als Arzt und Politiker aufs Spiel und entzieht sich seinem bisherigen Dasein. Für seine Frau Ingrid bleibt er der souveräne, erfolgreiche Mann, den sie geheiratet hat. Innerlich zerrissen, gelingt es ihm jedoch nur mit vielen Anstrengungen, diesen äußeren Schein zu wahren, diesen Schein, der sich so plötzlich als eine einzige Lüge entlarvt. Schrittweise entflieht er dem selbstgeschaffenen Gefängnis bürgerlicher Zwänge und Konventionen. Überstürzt verläßt er einen Kongreß in Brüssel und eilt nach Paris, wo Anna und Martyn ein Wochenende verbringen. Er drängt Anna, ihn zu treffen. Als Stephen Anna dann in einem Hauseingang verführt, kann man sich des Gefühls eines gewissen »too much« an Liebesexzessen dennoch nicht erwehren.

Irgendwann ist Stephen bereit, Familie und Stellung aufzugeben, um mit Anna zu leben – doch genau das lehnt sie ab. Sie will bei Martyn bleiben, ohne aber die Affäre zu Stephen aufzugeben. Martyn – das ist die Normalität, das ist das, wonach Anna strebt: ein normales Leben zu führen. Stephen, das ist die Vergangenheit, die Erinnerung an ihren Bruder Aston, der den Tod suchte – aus Liebe zu ihr. Anna braucht Stephen, um über diese frühen Erlebnisse hinwegzukommen, und Martyn für das Heute, das andere.

Anna und Stephen setzen ihre kurzen und leidenschaftlichen Treffen fort, eine gefühlsmäßige Annäherung scheint jedoch kaum stattzufinden; trotz völliger körperlicher Hingabe bleiben die Personen sich fremd: Anna bewahrt ihr Geheimnis, und Stephen gibt sich seiner »erotischen Revolution« hin, ohne eine gefühlsmäßige folgen zu lassen. Seine Versuche auszubrechen scheinen nicht völlig zu gelingen, bleiben etwas Gewolltes, etwas Verkniffenes. Geprägt von einer starken Nüchternheit, wirken die intimen Treffen ständig von Gefahr bedroht. Immer ist die Stimmung exzessiv, gewaltsam; immer kommen die »unterdrückten Gefühle« Stephens mit aller Macht zum Vorschein. Man hat den Eindruck, als könne es nicht gutgehen.

Dennoch hält Anna an ihren Heiratsplänen mit Stephens Sohn Martin fest.

Als die Hochzeit von Anna und Martyn bevorsteht, geben Stephen und Anna ihr Verhältnis nicht auf: Sie mietet ein Appartement, in dem die heimlichen Begegnungen fortgesetzt werden können, ein Liebesnest. Die sich schon lange ankündigende Tragödie ereignet sich dann mit aller Wucht, als Martyn seinen Vater zusammen mit seiner Verlobten im Bett überrascht: Der Sohn stürzt zu Tode.

Diese unausweichliche Tragödie versetzt dem Schein einer heilen, erfolgreichen Welt endgültig den Todesstoß: Die Familie ist zerstört, die leidenschaftliche Beziehung wird zum öffentlichen Skandal. Stephen hat durch Anna Leidenschaft, Gewalt und Schmerzen kennengelernt, ein Zurück gibt es nicht für ihn, der einzige mögliche Ausweg ist ein völliger Ausstieg, räumlich und existentiell. Er zieht sich nach Griechenland zurück und lebt in völliger Abgeschiedenheit. Die Erinnerung an diese kurze Zeit intensiver Gefühle wird zu seinem einzigen Lebensinhalt.

Anna als Todesengel, als ›Femme fatale‹?

Sie ist kein im klassischen Sinne begehrenswertes Sexobjekt, sie ist überhaupt nicht Objekt, sondern hält die Fäden in der Hand: Sie will Vater und Sohn – und bekommt sie. Aber sie arbeitet auch nicht mit den herkömmlichen Tricks der bösen, unheilbringenden Verführerin.

Insofern ist sie in ihrer zerstörerischen Kraft *fatal* und wird zum Verhängnis für Stephen, für Martyn, für die Frau und Mutter Ingrid. Sie bringt Unheil, aber ohne es zu wollen. Sie bleibt unschuldig, unbeteiligt daran, daß die Dinge einen solch dramatischen Verlauf nehmen. Sie ist da, lebt ihr Leben, – und man ahnt, daß es sich dabei in vieler Hinsicht um ein Überleben handelt. Verletzbarkeit wird als Motiv für ihr Tun erkennbar: »Menschen, die verletzt wurden, sind gefährlich, weil sie wissen, daß sie überleben können«, sagt Anna zu Stephen. Anna ist tief verwundet worden damals in ihrer Jugend, als sich ihr Bruder das Leben nahm aus Liebe zu ihr. Louis Malle deutet auf dieses Erlebnis, auf die Verletzung als

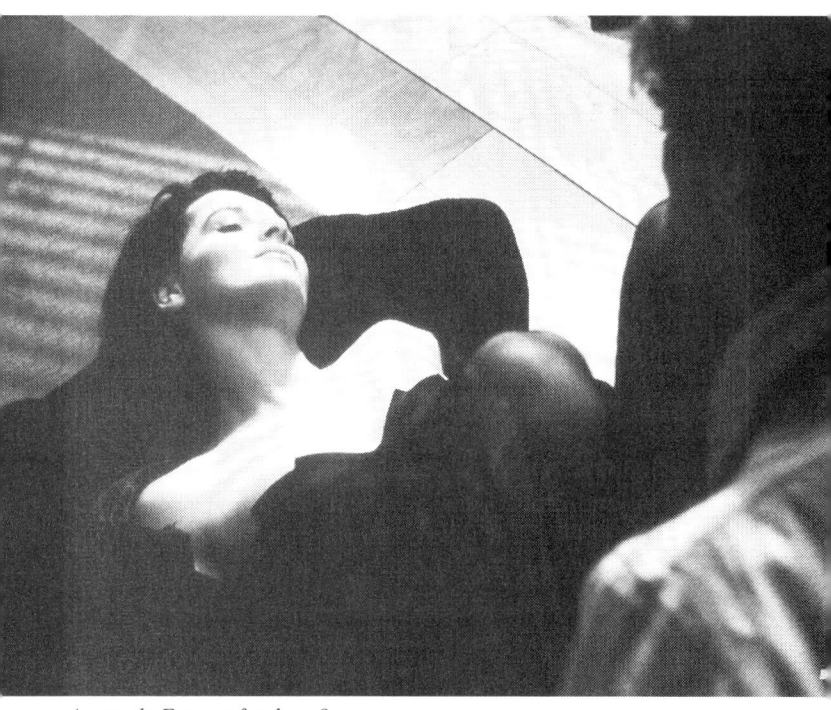

Anna als Femme fatale ...?

Schlüssel zur Figur der Anna hin, er nennt zwei Möglichkeiten, mit einer solchen Erfahrung umzugehen: »Entweder man verschwindet und bleibt für den Rest seines Lebens ein Opfer, oder man hat diese vitale Energie zu überleben. Als Anna den Selbstmord ihres Bruders entdeckt, geht sie und schläft mit einem anderen Jungen. Sie entscheidet sich gegen den Tod und für das Leben.« (L. M. in: FR vom 14.1.93)
Die Verwundbarkeit wird zur Möglichkeit, stark zu werden, lebensfähig. Auch wenn dieses Schlüsselerlebnis nur in einer einzigen kurzen Sequenz thematisiert wird, so begleitet es dauerhaft die Figur der Anna, bleibt unausgesprochen allgegenwärtig. Nichts kann sie wirklich verletzen, sie weiß um ihre Fähigkeit zu überleben – auch das Schlimmste. Das gibt

Ein Tanz auf dem Vulkan: Der äußere Schein von bürgerlicher Ruhe steht kurz vor dem Zusammenbruch.

ihr eine Freiheit in ihren Handlungen, die die anderen nicht haben. Für Juliette Binoche stimmt genau in dieser Hinsicht die Übersetzung des englischen Titels *Damage* ins französische *Fatale* und ins deutsche *Verhängnis* nicht. »Sie ist keine Femme fatale«, betont sie, »es ist das Leben, das ihr zum Verhängnis wurde. Sie ist kein Vampir, der das Blut der Männer aussaugen möchte.« (J. B. in ÉVÉNEMENT DU JEUDI, 10.12.92)

Chaos in der bürgerlichen Ordnung

Annas geheimnisvolles Erscheinen wird zum Auslöser für den Zusammenbruch einer bürgerlichen Lebenskonzeption, die schon vorher zu Schein und Ritual verkümmert war: Stephens ganzes Leben ist nach bestimmten Ordnungsvorstellungen aufgebaut, alles greift ohne Komplikationen ineinander. Diese Reibungslosigkeit bleibt jedoch äußerlich, tatsächlich gibt es Risse in dem gutbürgerlichen Gebäude, die inneren Wünsche drängen mit einer solchen Kraft an die Oberfläche, daß sie etablierte Formen zu sprengen vermögen.

Nach Martyns Tod zieht Stephen sich auf eine Insel zurück, hier lebt er als Außenseiter, fernab von der englischen Gesellschaft, von den englischen Konventionen. Hier zeigt sich nochmals, was die Tragödie aufdeckte, daß nämlich diese Welt, die da zusammenbricht, innerlich schon lange in Auflösung begriffen war.

Die Verbindung zwischen Anna und Stephen ist eine Amour fou, sie ist das Chaos in einer durch bürgerliche Werte bestimmten Ordnung: Sie bricht mit den Regeln des gesellschaftlichen Lebens, setzt sich über die bürgerlichen Moralvorstellungen, über die Tradition hinweg.

Juliette Binoche, Rupert Graves, Miranda Richardson und (im Hintergrund) Jeremy Irons in Malles ›Damage‹.

Louis Malle: Eine persönliche Geschichte

(Gespräch mit dem Regisseur)

Die Thematik von *Damage* erinnert in manchem an *Les amants* (Die Liebenden), den Louis Malle als einen seiner ersten Filme 1958 realisierte.

Auch in diesem Film ging es um leidenschaftliche Gefühle und die treibende Kraft, die sie im Leben des einzelnen darstellen, um die Gefahr, die sie für die Existenz darstellen können. Um der Leidenschaft willen werden bisherige Lebensweisen in Frage gestellt oder gänzlich aufgegeben.

Hier ist es die Frau, Jeanne (Jeanne Moreau), die aus ihrer Ehe ausbricht, um mit dem jungen Intellektuellen (Jean-Marc Bory) zusammenzubleiben. Eine verheiratete Frau, die vor den Augen des Ehemanns und der Freunde das bürgerliche Haus verläßt und mit dem jüngeren Geliebten in eine neue Zukunft fährt. Aber es ist auch (also so wie in *Damage)* die Frau, die, wie Louis Malle betonte, rätselhaft bleibt, deren Handlungsmotive nie ganz ausgedeutet werden.

Der Film galt bei seinem Erscheinen als Ablehnung der bürgerlichen Konventionen, die Liebesbeziehung galt als skandalös. In heutiger Zeit erscheint der Vorwurf des Skandals an den Film unverständlich, so viel Nacktheit, so viel Sex pur ist man gewöhnt, daß der Zuschauer von heute nur schwer etwas Anstößiges an *Les amants* finden kann.

Zwar distanzierte sich Louis Malle in den 70er Jahren von dem Film, doch bemerkte er schon damals, daß er die Geschichte gerne wiederverfilmen würde, aber ganz anders. Mit *Damage* greift er die Themen aus den *Liebenden* auf: Liebe und Leidenschaft, eine Begegnung, die eine bürgerliche Existenz ins Wanken bringt. Die Themen scheinen in den veränderten gesellschaftlichen Kontext gerückt, in einen neuen Zeitgeist eingebunden.

Im Gegensatz zu den eher romantisch wirkenden Motiven aus *Les amants* stehen leidenschaftliche, heftige Exzesse ganz im Zentrum des Films. »Vielleicht wird diesen Liebenden

Eher romantisch wirkende Motive in den Liebenden (Jean-Marc Bory und Jeanne Moreau).

auch zuviel abverlangt, ein Vierteljahrhundert nach der sexuellen Revolution und in einem Rausch, in dem der Orgasmus zur Droge wird. Vielleicht müssen sie so hektisch und aus-

Regisseur Louis Malle mit seinen Hauptdarstellern: Liebende, die in ihr eigenes Verderben rennen.

führlich kopulieren, weil der Luxus dieses Glücks nur von kurzer Dauer sein kann; vielleicht aber legt gerade die Außerordentlichkeit des Feuers so vieles so schnell in Asche.« (Peter W. Jansen in: TAGESSPIEGEL vom 10.12.92)

Die Protagonisten in *Damage* wirken kälter, härter als in *Les amants,* die Chance, gemeinsam auszubrechen, erscheint unmöglich. Sie scheitern nicht nur an den Gesetzen der Umgebung, sondern an ihren eigenen Wünschen und Lebenskonzeptionen. Selbst als Stephen sein ganzes Leben ändern will, als er bereit ist, diesen Schritt zu tun, weist Anna ihn ab: Zwei völlig verschiedene Vorstellungen des Lebens prallen aufeinander, sie können lediglich in ihrer Leidenschaft Übereinstimmung finden, sind aber nicht lebensfähig im Alltag.

»Ich hatte Lust, *Damage* zu drehen«, erzählt Louis Malle, »um nach 30 Jahren die Liebenden noch einmal zu besuchen, wieder eine Liebesgeschichte, aber schwärzer, viel schwärzer und tragisch. Ein Film über diese Liebenden, die in ihr eigenes Verderben rennen, ein Film über den Liebestod.

Es ist eine sehr persönliche Geschichte, und das hat auch etwas mit dem Alter zu tun. Allerdings wollte ich schon länger einen Film drehen über einen Mann, der alles verliert und dabei herausfindet, was im Leben wirklich Bedeutung hat und was er bislang nicht wahrgenommen hatte: Leidenschaft und ganz intensive Gefühle. Gleichzeitig – und das weiß er – ist das ziemlich gefährlich, und mehr zufällig wird das dann zur Tragödie. Sein ganzes Leben war eine Lüge, ein Mißverständnis, und als ich das Buch las, war ich sehr interessiert.

Von einem Moment auf den anderen ist seine ganze Lebensweise, all das, was er jahrelang als normal empfunden hat, in Frage gestellt. Er weiß, daß er nichts über die Liebe, Emotionen, Leidenschaft gewußt hat. Er ist völlig offen, nackt, weiß überhaupt nicht, wie er mit sich und seiner Situation umgehen soll. Hier ist die Situation extrem tragisch, der Tod hängt über der Szene, aber es ist in Wirklichkeit nur eine Variation der Filme, die ich bislang gemacht habe.«

Die Schwärze, die Tragik des Films jedoch findet ihre Erklärung nicht nur in dem gesellschaftlichen Kontext, die Entstehung des Films fällt in eine für den Regisseur schwierige Zeit: »Man weiß, daß ich *Verhängnis* in einer Phase tiefer Depression gemacht habe. Das hatte zwei unterschiedliche Ursachen. Ich war krank, hatte eine Herzoperation während der Arbeit an *Verhängnis,* das liegt drei Monate zurück. Jetzt fühle ich mich sehr viel besser, aber letztes Jahr war ich wirklich in keiner guten Verfassung. Vor allem, wenn du Probleme mit dem Herzen hast, denkst du ständig unwillkürlich an den Tod. Das war das eine; das andere, ich hatte letztes Jahr ein sehr schwieriges Leben. Ich arbeitete fast die ganze Zeit in London, meine Frau mit den drei Kindern war in Los Angeles, wo sie arbeitet. Wir haben eine Tochter von sieben, sie ist noch ein Kind – das ist alles sehr schwierig. Du bist quasi im Exil, weit entfernt von den Menschen, die du liebst. So war ich in sehr düsterer Stimmung. Jetzt geht es mir wieder gut, ich freue mich auf das nächste Projekt, das allerdings noch ein wenig auf sich warten läßt, und im Moment denke ich, daß ich eher eine Komödie machen werde.«

Louis Malle in einem Gespräch mit Heiko R. Blum
anläßlich der Premiere von *Damage*

Julies Freiheit

Ein innerer Monolog

Wie spielt man die innere Einsamkeit, den Verlust und den Schmerz, eine Trauer ohne Tränen? Wortkarg?

Großaufnahme: das Gesicht von Julie. Sie hat erfahren, daß ihr Mann und ihre kleine Tochter tot sind. Ein leichtes Zittern erfaßt ihre Lippen. In ganz wenigen Regungen drückt sich ihr ganzer Schmerz aus; ohne Worte, ohne Schreie und beinahe ohne Tränen wird ihre ganze Verzweiflung spürbar.
Juliette Binoche stellt ihre Intimität zur Verfügung, um die Julie in Kieslowskis Film *Trois couleurs: Bleu* (Drei Farben: Blau) zu spielen; sie nennt es eine Operation am offenen Her-

Die Sensibilität des Gesichtsausdrucks.

131

zen. Ihre Sensibilität, ihre Verletzbarkeit werden eingesetzt, um die Gefühle Julies sichtbar zu machen.

Bilder deuten auf das Innenleben der Personen hin – das ist das Kino Kieslowskis: dem Nichtsichtbaren visuelle Gestalt verleihen. Es sind die Gesichter der Menschen, in denen der Regisseur lesen möchte, und Juliette Binoche verfügt über genau jene Transparenz des Ausdrucks, die den Blick nach innen zuläßt.

Es ist ein innerer Monolog, den Julie führt; ausgelöst durch Töne und Gegenstände, deutet er sich im Blick, in einer verhaltenen Mimik an. Es ist ein Kampf zwischen dem Vergessen und der Erinnerung, der ständigen Präsenz der Vergangenheit.

Andeutungen von Gefühlen

Julies Suche nach Vergessen, nach Einsamkeit und Isolation …

Bei einem Autounfall hat Julie ihren Mann und ihre kleine Tochter verloren, im Krankenhaus findet sie sich wieder, die unfaßbaren Worte des Arztes klingen noch nach: »Sie sind alleine.« Verzweifelt versucht sie ihrem Leben ein Ende zu setzen, versucht eine Packung Schlaftabletten zu schlucken, doch sie schafft es nicht. Darin liegt ihre Tragik: nicht leben und nicht sterben können. Wie aber dieser schleichenden Qual beikommen, wenn nicht im eigenen Tod?
An einer holprigen Steinmauer führt sie gewaltsam ihre Faust entlang, bis ihre Knöchel blutig sind. Es ist der Versuch, die-

sen lautlosen, nicht sichtbaren Schmerz in einen physischen zu verwandeln, der Trauer Gestalt zu geben, sie spürbar zu machen.

Im Fernsehen verfolgt sie die offizielle Beerdigung ihres Mannes und ihrer Tochter. Großartige Reden werden gehalten für ihren Mann, einen berühmten Komponisten, Reden, die Julie kaum zu hören vermag. Nur mit enormer Anstrengung betrachtet sie die Bilder: ein großer und ein ganz kleiner Sarg, ihre Tochter. Mit den Fingerspitzen versucht sie den Sarg auf dem Bildschirm zu berühren, vergangene Zärtlichkeiten werden durch den Tod zu einer traurigen, einseitigen Geste.

Die Kamera bleibt auf Julies Gesicht: eine Träne, in der sich ihre ganze Trauer ansammelt, Trauer und Müdigkeit. Aufnahmen, die es erlauben, die Gesichtszüge von Julie intensiv zu betrachten und zu erahnen, was sich dahinter abspielt. Juliette Binoche macht diese beinahe unbeweglichen, schweigsamen Einstellungen zu etwas Lebendigem, ihre Mimik erzählt die Geschichte von Verzweiflung und Ohnmacht. Das Schweigen bezeichnet Juliette Binoche als Julies einzige Möglichkeit zu existieren: »Sie ist jemand«, sagt sie, »der sich nicht durch die Worte verteidigen kann, es gibt da zu viele Schmerzen. Es ist unmöglich, Worte zu finden und sie der Ungerechtigkeit gegenüberzustellen, diesem Wunsch zu sterben. Selbst, wenn sie sich nicht umbringt, so bleibt immer das Verlangen, zu verschwinden, zu fliehen.« (J. B. in: MENSUEL DU CINÉMA 9/93)

Schmerz, Tod, Einsamkeit, die völlige Leere, es scheint unmöglich, damit leben zu können, es auszuhalten. Und doch muß man einen Weg finden, es zu ertragen. Julie wird nicht sterben, doch versucht sie, ihrem bisherigen Dasein zu entfliehen. Sie wird kein neues Leben anfangen, sondern existieren, ohne zu spüren, was um sie herum und was mit ihr geschieht, sie wird auf das Leben verzichten und dennoch am Leben bleiben.

Sie läßt das Vergangene zurück, die Menschen, das gemeinsame Haus, jede Erinnerung vernichtet sie, nichts nimmt sie mit, weder Gedanken noch Gegenstände, einzig ein Mobile bewahrt sie auf, ein blaues Mobile.

Die Noten ihres Mannes für das Konzert für Europa vernichtet sie, es soll unvollendet bleiben. Es ist offensichtlich, daß Julie eine wichtige Rolle bei der Komposition gespielt hat, daß sie ihrem Mann geholfen hat, vielleicht auch selbst komponiert hat, jedoch bleibt ihr genauer Beitrag unklar.

Die Liebe von Olivier (Benoît Régent), einem Kollegen ihres Mannes, weist sie zurück. Eine Nacht nur bleibt sie mit ihm zusammen, sie will den Mythos des Unerreichbaren zerstören und ihre Normalität zeigen, sie will das Bild, das er sich von ihr gemacht hat, als Illusion entlarven. Doch ihr Bemühen, seine Liebe zu ersticken, bleibt ohne Erfolg: Zu lange hat Olivier diese Liebe zu ihr wachsen lassen, zu lange hat er von Julie geträumt, sie herbeigesehnt. Er wird sie weiter lieben, auch dann noch, als sie aus seinem Umfeld verschwindet.

Sie geht, um einen Ort zu finden, an dem sie sich den anderen Menschen entziehen kann, wo sie unsichtbar wird. Ein Ort, an dem sie eine Existenz führen kann, die keine Vergangenheit kennt und keine Gegenwart. Es ist die Entscheidung für die Einsamkeit, keine Bindungen eingehen. Darin, glaubt Julie, liegt ihre Freiheit.

Die Freiheit, Blau, eine der drei Farben der Trikolore, Symbol für die Ideale der Französischen Revolution. Immer wieder werden die Sequenzen, in denen Julie von der Vergangenheit eingeholt wird, mit einem tiefen Blau überflutet.

Der Zusammenhang wird hergestellt zwischen Freiheit und Liebe; ganz frei sein bedeutet den Verzicht auf Liebe: »Wenn wir lieben, beginnen wir plötzlich Dinge zu mögen, die die geliebte Person mag. Wir halten uns gern an deren Lieblingsorten auf, wir schließen uns ihren Lieblingstätigkeiten an. Auf diese Weise geben wir ein Stück weit unsere Freiheit auf.« (Krzysztof Kieslowski in: FAZ vom 5.11.93)

Frei sein und ohne Liebe leben? Oder eine neue Definition der Freiheit finden, die Freiheit der Entscheidung, die Frei-

… und ihre allmähliche Hinwendung zu den anderen Menschen …

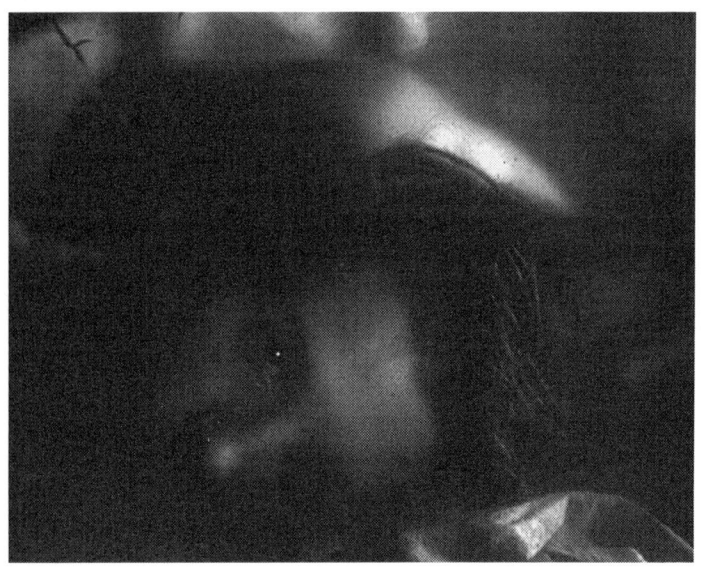

… zu der Liebe …

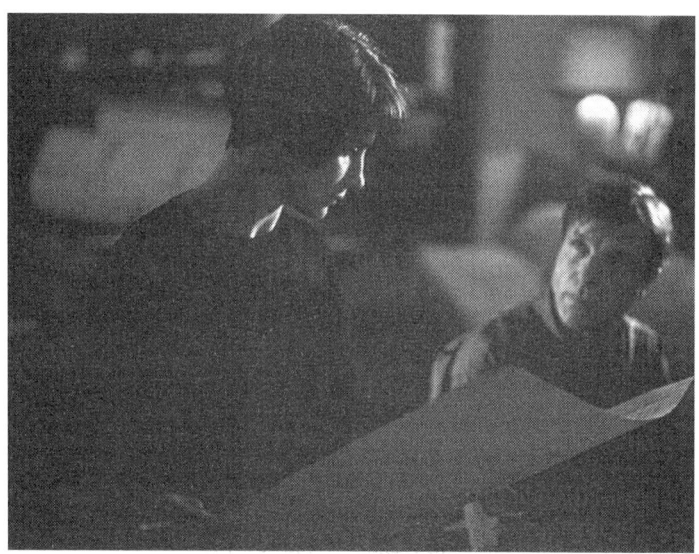

... und der Musik.

heit zu leben: Julie wird sich ganz langsam wieder der Liebe zuwenden, und sie wird den persönlichen Freiheitsverlust auf sich nehmen. Ihre Versuche, sich von allen Bindungen zu lösen, jeden Kontakt zu verhindern, scheitern. Die anderen existieren und gehören zu ihrem Leben. Die Freiheit liegt darin, diese anderen wahrzunehmen, ihr Dasein zu akzeptieren, es mit dem eigenen Leben verbinden. Sehen, daß sie nicht alleine ist, daß es Bindungen und Gefühle gibt. Einsehen, daß die Verbindungen zu den anderen Menschen nicht einfach abgebrochen werden können.

Die Träume, die Erinnerungen lassen sich nicht verbannen, die Vergangenheit kann nicht in einem Nichts aufgelöst werden: Julie will nichts hören, doch unaufhaltsam drängen sich die Töne des Konzerts ihres Mannes auf, des Konzerts für Europa. Diese Musik, die sie von sich fernhalten will, begleitet sie überall, folgt ihr an die Orte, wo sie Vergessen sucht: Es gibt kein räumliches Entfliehen vor etwas, das tief in ihr steckt.

Die Melodie eines Flötenspielers (Jacek Osataszewski) erinnert sie an dieses Konzert. Woher hat er diese Melodie? Es gibt keine Erklärung, sie ist einfach da, diese Musik, und sie zwingt Julie, einen Schritt in die Vergangenheit zu machen. Ein schmerzhafter Schritt, Trauer, die sich in einer einzigen verlorenen Träne am Rand von Julies Kaffeetasse andeutet.

Plötzlich tauchen dann in Brüssel die Noten wieder auf, die Noten, von denen Julie glaubte, sie vernichtet zu haben. Alle Welt hofft, daß das Konzert doch noch zu Ende gebracht werden kann, irgendwie, mit Julies Hilfe vielleicht. Olivier entscheidet sich, es zu versuchen. Er hat mit ihrem Mann gearbeitet, unter Umständen weiß er, wie die Komposition am besten beendet werden kann. Doch ist es viel weniger dieses Konzert, das er zu retten versucht, als vielmehr Julie. Er ist sicher, daß sie reagieren wird, wenn sie von der Existenz der Noten und seinen Versuchen erfährt, die Komposition zu beenden. Das ist es, was er will: daß sie handelt, daß sie gezwungen wird, ihre Flucht zu beenden, dieses Weglaufen vor sich selbst, das sie zu keinem Ziel führen wird. Es ist sein Liebesbeweis.

Julie wollte nichts sehen, nichts hören, nichts wissen von dem, was um sie herum geschieht, und sie wollte keine neuen Verbindungen eingehen: Als ein Unbekannter voller Angst an ihre Tür klopft, um seinen Verfolgern zu entfliehen, öffnet sie nicht; als eine alte kleine Frau nur mit Mühe und Not eine Flasche in die viel zu hohe Öffnung des Containers stecken möchte, sieht sie sie nicht. Dieselbe Frau wird Karol in *Trois couleurs: Blanc* (Drei Farben: Weiß) sehen, Weiß – Gleichheit. Karol beobachtet sie, greift jedoch nicht ein, hilft nicht, es gibt keine Gleichheit. Erst in *Trois couleurs: Rouge* (Drei Farben: Rot) werden die Mühen der alten Frau belohnt, und eine Unterstützung wird möglich, Rot – Brüderlichkeit.

Julie versucht außerhalb der Geschehnisse zu bleiben und sich nicht einzumischen: Sie verweigert ihre Unterschrift bei einer Hausaktion gegen die Mieterin Lucille (Charlotte

Véry). Diese empfängt angeblich zuviel verschiedene Män-
nerbesuche und soll aus dem Haus vertrieben werden. Die
Weigerung Julies, sich einzumischen, wird dennoch zur posi-
tiven Handlung, ihre Passivität wird aktiv: Durch das »Nicht-
unterschreiben« ist der Antrag nicht vollständig, es hätte der
Unterschrift aller Mieter bedurft, um Lucille herauszuwer-
fen; nun kann sie ihre Wohnung behalten. Sie möchte sich für
die – unfreiwillige – Unterstützung bedanken und besucht Julie. Eine solche unvermittelte Nähe eines anderen Menschen
inmitten ihrer selbstgewählten Einsamkeit läßt Julie am
ganzen Körper erzittern. Ihre Luftblase, ihr Rückzug in diese
unwirkliche, leblose Existenz wird in den Blicken Lucilles zu
etwas Realem und füllt sich mit Leben. Die beiden Frauen

Eine langsame Rückkehr ins Leben.

sprechen miteinander, treffen sich hin und wieder, so etwas wie eine Freundschaft bahnt sich an.

Immer mehr wird Julies unfreiwilliges Eingreifen nun von bewußten Handlungen eingeholt: Vor ihrem Haus, unten auf der Rue Mouffetard, liegt der Flötenspieler nachts leblos da, und anstatt vorbeizugehen, beugt Julie sich hinunter, sieht nach, ob alles in Ordnung ist mit ihm.

Sie erfährt durch Zufall, daß ihr Mann eine Freundin (Florence Pernel) hatte. Sie sucht sie auf, will sich ein Bild machen von der anderen, der Geliebten ihres Mannes. Als sie die junge Frau trifft, muß sie sich davon überzeugen, daß diese Freundin schwanger ist, daß ihr Mann sie geliebt hat. Es ist ein Schock, anfangs, doch dann sagt Julie ihre Unterstützung zu. Eine Rückkehr in die Vergangenheit: Julie übergibt der werdenden Mutter das Haus, in dem sie mit ihrem Mann und ihrer Tochter gelebt hat, Barmherzigkeit.

Schließlich entscheidet sie sich, mit Olivier gemeinsam an der Fertigstellung des Konzerts zu arbeiten und diese Musik der Erinnerung wahrzunehmen, sie anzuerkennen. Und Julie entscheidet sich auch dafür, sich auf die Liebe mit Olivier einzulassen.

Es ist eine langsame Rückkehr ins Leben, ein Auftauen; die Vergangenheit läßt sich vergessen, und die Gegenwart läßt sich nicht ignorieren: Der unvorstellbare Tod, das Furchtbare wird somit zum Ausgangspunkt für einen neuen Anfang; das Leben akzeptieren, darin liegt Julies Freiheit.

Krzystof Kieszlowski:
Vielleicht ein optimistischer Schluß
(Gespräch mit dem Regisseur)

Blau – Weiß – Rot, Freiheit – Gleichheit – Brüderlichkeit: *Trois couleurs: Bleu* (Drei Farben: Blau) ist der erste von drei Filmen des polnischen Regisseurs Krzysztof Kieslowski, die die Farben und Inhalte der Französischen Revolution widerspiegeln.

In einem Jahrhundert, in dem die Ideale der Französischen Revolution entweder zu Phrasen verblaßt oder mit neuen Inhalten belegt sind, in einem Europa, das davon überzeugt ist, die revolutionären Versprechen gänzlich eingelöst zu haben, kann man sich fragen, was diese Ideale uns heute bedeuten. Was veranlaßt den Regisseur, die Themen aufzugreifen, sie zu verfilmen?

Kieslowski über diese, seine sehr persönliche Interpretation der *Freiheit:*

Freiheit

»Es gibt sie nicht, die persönliche Freiheit. Wir können nur davon träumen, wir können davon sprechen, wenn jemand dazu Lust hat. Aber in Wirklichkeit gibt es eine wahre persönliche Freiheit nicht. Wir sind abhängig von vielen Dingen und von uns selbst auch, von unseren eigenen Schwächen, unseren eigenen Unzulänglichkeiten, unseren Gefühlen und Emotionen. Deshalb finde ich, es ist ein Abstraktum. Und übrigens: So richtig frei sein wollen wir ja gar nicht. Wir sprechen lediglich davon. In Wirklichkeit wollen wir gar nicht frei sein.

Was ist überhaupt Freiheit? Bedenkt man, daß alle Bindungen mit der Welt eine Abhängigkeit darstellen, die Abhängigkeit aber ein Gegensatz zur Freiheit ist, was ist dann Freiheit?

Sie könnte bedeuten, jegliche Bindungen loszuwerden. Was heißt das aber? Es gibt viele Romane und viele Filme, die über Menschen berichten, die vor der Welt flüchten. Diese Menschen suchen nach Freiheit, ringen darum, weil sie genug haben von dem Druck, der sie belastet.

Und dann gibt es noch eine zweite Möglichkeit, es könnte auch bedeuten, daß ein Mensch infolge eines Ereignisses von Bindungen und Abhängigkeiten losgesprochen wird. Diesen Eingriff haben wir der Story zugrunde gelegt: Julie wird um zwei Personen beraubt, die sie geliebt hat. Das ist ein Unfall oder ein Zufall, alles andere ist ihre eigene Entscheidung. Sie

Krzysztof Kieslowski: »Was ist überhaupt Freiheit?«

selbst spricht sich frei von allen Bindungen, Abhängigkeiten und Beziehungen zur Welt. Sie reißt sich davon los. Ihre Entscheidung hängt letztlich mit dem Bedürfnis zusammen, weiter am Leben zu bleiben.

Leben

Sowohl mein vorheriger Film *La double vie de Véronique* (Die zwei Leben der Veronika) – von 1990 – als auch *Drei*

Farben: Blau setzen sich mit extremen Situationen auseinander und zeigen das auch. Wir glauben, daß es solche extremen Situationen im Leben sehr selten gibt. Doch ich denke, wir behaupten das, weil wir eher gewöhnt sind, etwas Normales zu sehen. Und so empfinden wir, wenn wir etwas Extremes sehen, daß das künstlich ist. Im Leben kommen aber ständig extreme Situationen vor, und die kann man sich nicht so einfach ausdenken. In Paris habe ich jemanden, der mir übersetzt. Dieser Dolmetscher sitzt neben mir im Schneideraum und fühlt sich immer gelangweilt. Er liest ununterbrochen Zeitungen, während ich schneide. Und in diesen Zeitungen findet er Situationen, die er mir erzählt, und er fragt mich: Könntest du so etwas filmen? Das sind oft dermaßen extreme Situationen, die er mir präsentiert, daß man den Eindruck hat, das sind Hirngespinste, ausgedacht, für mich konzipiert. Gestern zum Beispiel fanden wir eine Notiz über einen Mann in Frankreich, der nach Hause kam und sich derart über seine Ehefrau geärgert hat, daß er seine drei Kinder aus dem Fenster hinausgeschmissen hat – aus dem sechsten Stock. Zwei kamen dabei ums Leben, eines hat überlebt. Danach hat er sich selbst eine Kugel in den Kopf geschossen. Hätte ich mit einem solchen Unglücksfall in meinem Film begonnen, hätte man sofort gesagt: Das ist eine erdachte Situation. Doch das ist wahr. Zugegeben, das ist extrem.

Erinnerung

Die Erinnerung, die man nicht haben will, die man auslöschen möchte, läßt sich nicht verdrängen. Man kann versuchen zu vergessen, man kann verschiedene Sachen wegschieben, doch so richtig kann man nicht vergessen. Ausgerechnet eine Erinnerung kommt immer wieder – so wie eine ganz bestimmte Musik. In *Drei Farben: Blau* ist die Musik Protagonist: Sie ist immer auch ein Erinnerungsakt. Das heißt entweder als eine aufdringliche Erinnerung, die trotz des Willens, trotz Widerstandskraft wiederkommt, eine Erinnerung, von der man gezwungen wird, gewisses Handeln an den Tag zu legen. Oder sie kommt als eine Möglichkeit der Erfüllung. Und daran ist im Film gedacht worden.

In meinem Leben dagegen spielt Musik überhaupt keine Rolle. Ich gehe nie ins Konzert oder in die Oper. Ich höre niemals Musik, nur dann, wenn meine Tochter Musik im Auto anschaltet. Wenn ich in ein Zimmer komme, schalte ich sofort alles aus, was spielt, was Geräusche macht. Mit anderen Worten: Bei mir spielt Musik gar keine Rolle.

Anders ist es im Film. Hier kann Musik eine wichtige Funktion übernehmen, und gerade hieran arbeiten wir hart. Die Filmmusik ist sicher etwas, das sich auf die Emotionen positiv auswirken kann. Für mich ist sie ein natürliches Element, die Komponente, die mich beim Film überhaupt interessiert. Deshalb schenken wir der Filmmusik viel Aufmerksamkeit, der Rolle und der Funktion, die sie im Werk hat. Dabei interessiert mich weniger eine illustrierende oder plakative Musik. Das finde ich nicht spannend. Das ist zu selbstverständlich, zu offensichtlich, sondern die Musik interessiert mich als ein dramaturgisches Element, so wie wir sie in *Trois couleurs: Bleu* genutzt haben.

Optimismus

Am Ende des Films kehrt die Protagonistin ins Leben zurück. Zweimal hat sie versucht aus dem Leben zu gehen und jedesmal ist sie gescheitert. Sie findet sich ab, versucht weiterzumachen. Für mich ist das Optimismus – wenn man diese Begriffe unbedingt anwenden muß, denn eigentlich ist diese Unterscheidung zu einfältig.

Wir nehmen dem Leben ständig etwas übel. Doch letztendlich sagt Julie: Okay, ich werde weiterleben. So wie es kommen wird, werde ich es nehmen. Das, was ich wirklich will, kommt nie wieder, und so finde ich mich damit ab – mit dem Schicksal, das mir von der Zeit gegeben wird. Für mich als Pessimisten ist das ein optimistischer Schluß.«

Krzysztof Kieslowski in einem Gespräch mit Heiko R. Blum
anläßlich der Premiere von *Trois couleurs: Bleu*

Gute Schauspieler sind eine Ausnahme

Juliette Binoche hat mit den unterschiedlichsten Regisseuren zusammengearbeitet, die das französische Kino prägen – Regisseure, denen es in ihren Filmen gelingt, das Lebensgefühl verschiedener Generationen einzufangen und es auszudrücken, Regisseure, die den Menschen mit seinen Ängsten und seiner Verzweiflung zeigen, mit seiner Liebe und dem ewigen Aufruhr der Gefühle. Sie erzählen Geschichten mit Widerhaken, und nicht selten halten sie der Gesellschaft einen kritischen Spiegel vor.

Wie Jacques Doillon, dessen Filme immer wieder von einer vorsichtigen Auseinandersetzung mit den Gefühlen der Menschen zeugen. Insbesondere Filme wie *Le petit criminel* und *Le jeune Werther* sind sensible Inszenierungen der Sorgen und Freuden von Kindern und Jugendlichen.

Wie André Téchiné, der spätestens seit dem Erfolg von *Souvenirs d'en France* (Erinnerungen an Frankreich) mit jedem Film (wie zum Beispiel *Les sœurs Brontë* [Die Schwestern Brontë]) neue Formen findet, sich mit verborgenen, unterdrückten Wünschen und mit den Widersprüchen verschiedenartigster Charaktere auseinanderzusetzen.

Léos Carax rückte mit seinen drei Filmen *Boy Meets Girl, Mauvais sang* und *Les amants du Pont Neuf* eine Zeitlang zum Kultregisseur des jungen französischen Kinos auf. Seine Filme erzählen von der Schwierigkeit, miteinander zu sprechen, eine Schwierigkeit, die sich ausdrückt im Verhältnis von Bildern und Sprache. Filme, die wie Liebesgeschichten sind, die manchmal voller Verlorenheit zu sein scheinen und dennoch einen unwiderstehlichen Optimismus ausdrücken.

Eine sehr frühe Zusammenarbeit erfolgte aber auch mit Hollywood-Regisseur Philip Kaufman. Der Regisseur von *Der Stoff, aus dem die Helden sind* und *Nippon Connection* hat eine Vorliebe für episch-dramatische Stoffe. Mit der Verfilmung des Kundera-Romans wagte er sich an ein Projekt, das allgemein als unverfilmbar galt. Louis Malle, der über seine Filme erzählt, daß sie bei aller Unterschiedlichkeit doch bestimmte Gemeinsamkeiten aufweisen, daß es in der Regel jemanden gibt, der ein konventionelles Leben führt und nicht daran denkt, daß ihn etwas aus dem Gleichgewicht bringen könnte. Auf einmal passiert dann doch etwas. In *Lacombe Lucien* ist es der Krieg, der in das alltägliche Dasein einbricht. In *Damage* ist es die Frau, wegen der von einem Moment zum anderen die ganze Lebensweise in Frage gestellt wird.

Und schließlich Krzyzstof Kieslowski, der mit seiner Trilogie *Trois couleurs: Bleu/Blanc/Rouge* eine sehr persönliche Auseinandersetzung mit den Werten und Zielen der Französischen Revolution vorlegt: keine allumfassende Sozialanalyse, sondern individuelle Schicksale von Menschen. »Die Gesellschaft«, sagt er, »besteht aus vielen einzelnen Menschen, und jede Geschichte erlaubt einen Blick auf die allgemeine Situation.« Kieslowski interessiert sich für das lautlose Innenleben seiner Figuren.

Verschiedene Regisseure, unterschiedliche Persönlichkeiten, die den Weg von Juliette Binoche, ihre schauspielerische Laufbahn prägen. Sie bieten ihr die Möglichkeit, verschiedene Spielweisen auszubauen, und setzen Vertrauen in ihre Arbeit. Gemeinsam arbeiten sie an den Rollen, die Vorstellungen der Filmemacher treffen aufeinander mit den Ideen und Wünschen von Juliette Binoche. Es muß ein Konsens gefunden werden, die vorgegebene Figur soll in ihren Details erfaßt und ausgebaut werden. Die Zusammenarbeit ist wichtig. Juliette Binoche spricht von dem Vertrauen, das herrschen muß, von der Möglichkeit, einen gemeinsamen Nenner zu finden. Eine Rolle kann noch so verlockend sein, wenn keine Arbeitsatmosphäre gefunden wird, dann kann der Film kaum gelingen. »Die Beziehung zwischen einem Schauspieler und einem Regisseur ist grundlegend«, betont sie. »Aus dieser Beziehung heraus wird die Figur eines Films geschaffen.« (J. B. in: PREMIÈRE 86/112)

Wie sieht die Zusammenarbeit im einzelnen aus? Wie gestal-

tet sich die Rollenentwicklung? Was hat das Interesse der unterschiedlichen Regisseure geweckt, was hat zu einer Besetzung mit Juliette Binoche geführt?
Hier die Stimmen einiger Regisseure, mit denen Juliette Binoche zusammengearbeitet hat:

»Sie bestand darauf, Probeaufnahmen zu machen, sie wollte mir zeigen, wie gut sie sein konnte.«

Jacques Doillon, *Une vie de famille* (Der Mann, der weint)

»Als ich Juliette Binoche zum ersten Mal sah, suchte ich für den Film ein Mädchen im Alter von 14 oder 15 Jahren, in keinem Fall sollte sie älter sein. Ich machte viele Probeaufnahmen, ohne jedoch eine geeignete Darstellerin zu finden. Nie-

Jacques Doillon

147

mand erschien mir besonders gut zu sein. Vielleicht habe ich ja nicht richtig hingeschaut, doch meiner Ansicht nach gab es keine, die außergewöhnlich war.

Dann kam dieses 17- oder 18jährige Mädchen auf mich zu. Sie entspricht nicht dem gesuchten Alter, dachte ich und sagte es ihr. Ich betonte, daß es wirklich sinnlos sei, vorzusprechen, doch sie bestand darauf, Probeaufnahmen zu machen, und dann lief alles wie von selbst.

Ich erklärte mich einverstanden – letztendlich interessiert es mich ja auch immer, das Spiel gerade der Anfänger zu sehen. Juliette Binoche wollte mir beweisen, wie gut sie passen würde in die Rolle, wie gut sie sein konnte. Und sie war es wirklich, einerseits konnte man sehen, daß sie bereits gespielt hatte, daß sie eine Basis hatte, gleichzeitig hatte sie den leidenschaftlichen Wunsch zu spielen, das starrsinnige Verlangen, ihr Können unter Beweis zu stellen. Es war nicht wichtig, ob sie schon gespielt hatte oder nicht, es war einfach ein glücklicher Umstand, mit ihr zusammenzutreffen. Von allen Probeaufnahmen, die ich gemacht hatte, waren die mit Juliette die einzig wirklich guten, sie ist ausdrucksstark und von einer bedeutenden Individualität. Um meinen Skrupeln wegen des Alters recht zu geben und gleichzeitig mit einer guten Schauspielerin arbeiten zu können, änderte ich kurzerhand das Drehbuch, das Mädchen war nun nicht mehr 14 oder 15 Jahre alt, sondern älter, Punkt.

Um in diesem Beruf wirklich gut zu sein, muß man bereit sein, viel von sich zu geben. Ich denke, Juliette Binoche hat diese Bereitschaft. Sie gehört zu den besten.«

Jacques Doillon in einem Gespräch mit Katharina Blum, 1994

»Es war ein Risiko, mit relativ unbekannten Schauspielern zu besetzen, aber ein Risiko, das sich gelohnt hat.«

André Téchiné, *Rendez-Vous* (Rendez-Vous)

»Ich habe beide Hauptrollen mit zwei relativ unbekannten Schauspielern besetzt, das ist immer ein Risiko. Aber als ich

André Téchiné mit Marthe Villalonga bei einer Regiebesprechung 1993.

die Videoaufnahmen von Juliette Binoche gesehen hatte, war klar, daß sie alle anderen Darstellerinnen bei weitem übertraf. Die Ausdruckskraft ihres Blickes, ihres Gesichts, ihre Naivität und auf eine Art ihre Unreife und ihre schauspielerische Stärke haben mich beeindruckt. Sie hatte eine Art und Weise, sich ohne jeglichen Rückhalt, ohne Reserve dem Auge der Kamera darzustellen, das hat mich überzeugt.

Und es ist wirklich eine gelungene Besetzung: Juliette Binoche ist nicht nur sehr begabt, sondern voller Frische. Sie verkörpert vollkommen die Figur, die ich mir vorstellte. Es ist ihr gelungen, die Rolle der Nina ganz darzustellen. Sie ist einfach da, lebendig und voller Kraft.«

André Téchiné in: Cinématographe 110/85

149

»Erst habe ich sie abgelehnt, und dann habe ich verzweifelt versucht, sie wiederzufinden.«

Philip Kaufman, *The Unbearable Lightness of Being*
(Die unerträgliche Leichtigkeit des Seins)

»Die Wahl der Schauspieler für den Film verursachte viele Schwierigkeiten. Zu viele Stars wollten in dem Film spielen, amerikanische und europäische. Es gelang mir aber nicht, eine Harmonie zu finden zwischen den Schauspielern und der Rolle. Es ist das, was Milan Kundera meint, wenn er sagt, man muß die Umrisse der Figuren zeichnen. Ich konzipierte solche Umrisse und wartete, daß die Schauspieler kamen und daß ihr Bild mit diesem Umriß übereinstimmen würde ... Juliette Binoche war Teresa. Sie hatte etwas in den Augen, im Aussehen, irgend etwas im Licht und die Intelligenz ihrer Augen, das war sehr slowakisch (sie hat auch polnische Ursprünge).
Allerdings dachte ich damals, ihr Englisch sei nicht gut genug, und lehnte sie ab. Ich arbeitete mit anderen Schauspielerinnen, mit Amerikanerinnen, doch irgendwie lief es nicht, ihr Spiel paßte nicht zusammen mit dem von Daniel Day-Lewis, für den ich mich zu diesem Zeitpunkt schon entschieden hatte.
Erst nach einiger Zeit kam mir das Bild von Juliette Binoche wieder in den Sinn. Ich hatte *Rendez-Vous* noch nicht gesehen, irgendwann einmal habe ich Ausschnitte auf Kassette gesehen, doch war es mir unmöglich, etwas über ihr Spiel zu sagen. Ich fragte mich, wo sie war ... Sie war damals wohl in Südamerika bei ihrem Vater, von wo aus sie vergeblich versucht hatte, mich zu erreichen. Immer wieder sagte sie, Kaufman muß mir einfach vertrauen. (Denn Juliette Binoche war weit davon entfernt, die Rolle zu vergessen, d. A.).
In Paris trafen wir uns dann in meinem Appartement, und sie hat eine Szene mit Daniel Day-Lewis gelesen: Es war außergewöhnlich. Anschließend hat Daniel mich gefragt, ob ich Taschentücher hätte, er mußte weinen, ich genauso und

Philip Kaufman

auch Juliette Binoche. Schweigend saßen wir dann zusammen.

Juliette Binoche war wirklich erstaunlich, und ihr Englisch war gar nicht so schlecht. Dann mußte sie innerhalb von zwei Wochen ihr Englisch perfektionieren und es mit tschechischem Akzent sprechen, das Drehbuch und das Buch lesen, sich um ihre Kostüme und ihr Aussehen kümmern. Es war phänomenal.«

Philip Kaufman in: CAHIERS DU CINÉMA 405/88

»Sie riskiert alles.«

Léos Carax, Mauvais sang (Die Nacht ist jung),
Les amants du Pont Neuf (Die Liebenden von Pont Neuf)

»Juliette spielt so, wie sie malt … so wie ihre Hand einen Weg bahnt, schnell und intensiv. Jede Aufnahme ist eine Skizze,

von verschiedenen Dingen inspiriert, Nerven. Sie jagt und verfolgt das Gefühl bis tief in seine Wurzeln, reißt es heraus und schleudert es der Kamera entgegen, das gibt Spritzer und Flecken.

Sie ist so reich. Niemand könnte jemals eine Figur erfinden, die sie nicht in sich trägt. Sie riskiert alles. Sie hat ihre Haut, ihre Unsicherheiten, ihre Kunst in diese Geschichte mit einer solchen Brutalität eingebracht, wie ich sie noch bei niemandem gesehen habe. Sie ist großartig und mehr.«

Léos Carax in: CAHIERS DU CINÉMA,
Sondernummer Pont Neuf, Oktober 91

»Sie hat die Figur teilweise ganz anders gesehen als ich, gemeinsam haben wir uns dann der Rolle genähert.«

Louis Malle, *Damage* (Verhängnis)

152

Louis Malle

»Zu Anfang, als ich mich entschieden hatte, den Roman von Josephine Hart zu verfilmen, und es um die Besetzung der Anna ging, da habe ich zwischen verschiedenen europäischen Schauspielerinnen gezögert, zunächst habe ich auch an Isabelle Adjani gedacht. Erst später, als ich mit meinem Drehbuchautor David Hare das Thema bearbeitete, wurde die Besetzung mit Juliette Binoche geradezu zwingend, er hat die Rolle dann genau für sie geschrieben.

Ich hatte mich an das Gesicht erinnert. Als sie in *Rendez-Vous* von André Téchiné spielte, da hatte sie einige außergewöhnliche Momente. Damals schon habe ich mir gesagt, mit diesem Mädchen möchte ich einmal drehen.

Damage und die Rolle der Anna boten die Gelegenheit. Juliette Binoche hat das wirklich sehr gut gespielt, auch solche Szenen, die wirklich schwierig zu handhaben waren. Am schwierigsten war wohl die Szene, in der Anna vom Selbstmord ihres Bruders erzählt. Wir haben die Szene sicher 20mal wiederholt, und niemals haben wir gewußt, wie wir sie beginnen und wie wir aufhören sollen. Es gab viele Diskussionen, auch Mißverständnisse, besonders mit Jeremy Irons, der seine Rolle als zu passiv empfunden hat.

Bei der Vorbereitung bildete für Juliette Binoche die Sprache allerdings ein Problem. Das heißt, es war schwierig für Juliette, sich wirklich wohl zu fühlen in der englischen Sprache und sie unbefangen zu handhaben. Es fehlten ihr bestimmte Nuancen und Feinheiten des Textes von Josephine Hart.

Es gab viele gemeinsame Gespräche zwischen der Autorin, David Hare, Juliette und mir. Das war für die Konzeption der Rolle sehr wichtig. Es half, Mißverständnisse zu klären, und bereicherte die Rolle in vielerlei Hinsicht. Jeder von uns sah den Charakter nämlich in einem etwas anderen Licht. Ich betrachtete Anna als eine ungewöhnliche, in keiner Weise alltägliche Frau. Juliette hatte eine ganz andere Sichtweise, für sie war Anna eine Frau wie andere auch, und es gefiel ihr nicht, eine vom Schicksal geprägte Frau zu spielen, eine zerstörerische und schwarze Figur. Und ich muß sagen, daß sie da teilweise recht hatte. Ihr Einfluß auf die Rollenentwicklung war sehr wichtig.«

Louis Malle im Gespräch mit Katharina Blum, März 1994

»Juliettes Geheimnis, das ist ihre Art, sich vorzubereiten.«

Krzysztof Kieslowski, *Trois couleurs: Bleu* (Drei Farben: Blau)

»Ich habe nie versucht, dahinterzukommen. Aber was ich erzählen kann, ist, wie sie sich schon von Beginn an eingebracht hat. Sie kam nach Polen, als wir lange vor den Dreharbeiten die Musik produzierten. Sie fand es wichtig, die Entstehung der Filmmusik zu verfolgen, um sie zu begreifen und damit auch ihre Rolle besser zu verstehen. Das ist nur ein kleines Beispiel, und es betrifft nur ein Element des Films. Aber man kann daran sehen, wie sorgfältig sich Juliette auf diesen Film vorbereitet hat. Sie wollte die Figur der Julie ganz begreifen. Das ist ihr, wie ich finde, glänzend gelungen, und sie hat dieser Figur etwas von sich hinzugefügt: eine bestimmte Haltung und eigene Gedanken.«

Krzysztof Kieslowski in: FR vom 5.11.93

»Als wir das Drehbuch entwickelten, gab es noch gar keine Besetzung, wir wußten noch nicht, wer das spielen könnte. Aber Juliette Binoche hatte ich schon mal vor vielen Jahren getroffen. Eine Zeitlang hatte ich auch daran gedacht, daß sie die Hauptrolle in *Die zwei Leben der Veronika* spielen sollte. Damals war es nicht möglich, weil sie gerade in einem anderen Film spielte. Dann war ich gar nicht mehr so unglücklich, weil dadurch Irene Jacob spielen konnte, und die war ja sehr gut. Später fing ich wieder an, an Juliette Binoche zu denken, ich wollte mit ihr unbedingt arbeiten, ich schätze sie als Schauspielerin sehr hoch ein. Aber ich habe, als ich wußte, daß ich den Film mache, gedacht, für diese Rolle ist sie zu jung. Damals hat sie bei Louis Malle in *Damage* in London gespielt. Ich ging nach London, um mich mit Juliette Binoche zu treffen. Sie wußte nicht, daß ich Probleme hatte; sie wußte nicht, daß ich der Meinung war, daß sie für diese Rolle zu jung sei. Ich habe ihr das erst beim Abendessen gesagt. Sie hat geantwortet, sie sähe das gar nicht so, und ich sagte, doch ich finde, du bist zu jung. Da hatten wir im Grunde nach dem Abendessen gar keine besonders gute Basis weiterzureden. Wir haben dann so ein bißchen gepflegte Unterhaltung betrieben, wie man das so gewöhnlich tut, und ich habe sie nach Hause gebracht. Und sobald sie die Türschwelle betreten hat, gab sie mir einen bereits vorbereiteten Briefumschlag. In meinem Hotel öffnete ich ihn, und da waren zwei Fotos von ihr drin, und auf dem einen Foto fand ich sie genau in dem Alter, in dem ich sie brauchte. Da habe ich gemerkt, wie schlau, wie scharfsinnig und intelligent sie ist: Sie hat viel früher meine Befürchtungen erkannt und meine Absichten abgelesen. Lange bevor ich es geäußert hatte. Darauf war für mich sofort klar: Sie wird diese Rolle spielen. Alle Zweifel waren weggefegt. Die letzte Drehbuchfassung haben wir genau für sie geschrieben. Vor Drehbeginn hatten wir alles sehr genau vorbereitet und abgesprochen, doch auch während der Arbeit hat Juliette viel zur Konzeption der Rolle beigetragen. Ich habe auch eine Reihe von Szenen nachgedreht, als sie der Meinung war, es müßte anders sein. Aber genau das verstehe ich unter guten Schauspielern: die Persönlichkeit. Bei ihr kommt zudem etwas zusammen, das gerade bei dem Film besonders wichtig war: eine äußerst weibliche Form von Sensibilität, gleichzeitig eine ungeheure Kraft. Und ausgerechnet diese Verbindung kommt dieser Rolle zugute, und wir konnten beim Drehbuchschreiben all dies berücksichtigen.

Gute Schauspieler sind immer Ausnahmen, und Juliette Binoche ist eine solche Ausnahme.«

Krzysztof Kieslowski im Gespräch mit Heiko R. Blum
anläßlich der Premiere von Trois couleurs: Bleu

Nina, Anna, Teresa, Michèle, Julie …

… unterschiedliche Rollen, unterschiedliche Geschichten. Verschiedene Figuren, die jedoch hin und wieder durch bestimmte Züge verbunden scheinen. Verletzbarkeit und Stärke werden sichtbar, lautlose, beinahe unsichtbare Schmerzen und der verzweifelte Versuch, zu überleben, einen Weg zu finden, mit der jeweiligen Situation fertig zu werden. Auch dort, wo der Ausgangspunkt kein extremer Schicksalsschlag ist, wird eine enorme Kraft deutlich, das eigene Leben zu meistern.

Da ist die Malerin Michèle in *Les amants du Pont Neuf,* die ihr Augenlicht verliert und unabhängig von ihrer Genesung in einer verzweifelten Liebe Rettung sucht. Oder Teresa in *The Unbearable Lightness of Being,* die aus einer klaren und aufrichtigen Liebe ihre gesamte Lebenskraft schöpft. Eine Liebe, die gleichsam Motor und Grund für ihre Handlungen ist.

Und dann ist da Anna in *Damage,* deren ganze Lebenskraft aus einer tiefen Verletzung in ihrer Kindheit herrührt. Anna, die jede Form von Schmerz und Leid auf sich nehmen kann, weil sie um ihre Stärke weiß: Jede erdenkliche Trauer wird sie überleben können. Schließlich ist da Julie in *Trois couleurs: Bleu,* die alles verliert, den Mann, das Kind, die sich dann ganz allmählich von diesem schweren Verlust erholt und lernt, nicht aufzugeben, zu leben.

»Man könnte fast meinen, Julie ist die Verlängerung von Nina aus *Rendez-Vous.* Beide Frauen nehmen ihr Leben in die Hand.« (J. B. in: TÉLÉRAMA Sondernummer 93). Nina, das Mädchen, das in der Stadt – konfrontiert mit sich selbst und seinen Ängsten – lernt, sich den eigenen Gefühlen zu stellen. Julie, das ist eine reife, eine erwachsene Frau, die sich entscheidet, das Leben mit seinen Schmerzen zu akzeptieren, aus der gefühlsmäßigen Ohnmacht zu entkommen und zu leben.

Verschiedene Rollen, die Frauen zeigen, die alles verloren

haben und die sich allen Schmerzen zum Trotz für das Leben entscheiden. Sie überwinden das Leid, und das gibt ihnen Kraft und eine neue Freiheit. Ein bestimmter Moment, ein Schicksalsschlag wird zum Ausgangspunkt für eine Wahl, für eine Entscheidung: »Selbst, wenn sie eine Vergangenheit haben, versuchen sie in der Gegenwart zu leben, sie leben von einem Tag auf den anderen, und das rettet sie. Sie versuchen nicht, sich eine Zukunft zu schaffen, jeder Schritt wird in der Gegenwart gemacht ... Für mich persönlich bedeutet in der Gegenwart zu leben sehr viel. Nicht, daß man die eigene Vergangenheit leugnen soll, es bedeutet lediglich, eine Seite umdrehen zu können. Wenn man zu sehr in der Vergangenheit lebt, ist das am Ende zerstörerisch.« (J. B. in: STUDIO MAGAZINE 77/93)

Die unterschiedlichen Darstellungen zeigen Menschen, deren Geschichte sich im Inneren der Seele abspielt, die mit sehr intensiven Gefühlen konfrontiert werden, die eine gefühlsmäßige Entwicklung durchlaufen.

Insbesondere die Darstellung in *Damage* und *Trois couleurs: Bleu* unterstreicht eine Spielweise, die in den vorherigen Rollen bereits angedeutet und entworfen wurde: Es ist das Nichtsichtbare, dem Juliette Binoche zu neuen Ausdrucksformen verhilft; es geht darum, Schweigen zu spielen: »Das sind Rollen, die mir etwas sagen. Die Erklärung macht mich bewegungsunfähig, erstickt mich. Der Zwischentext der Stummfilme genügte letztendlich, um auf das Wesentliche einzugehen ... Mich interessiert die Transparenz. Die Geschichten, die ich spiele, sind innere Geschichten. Zumindest momentan.« (J. B. in: TÉLÉRAMA Sondernummer 93)

Nina, Teresa, Anna, Michèle, Anna und Julie ... Frauen, die Verletzbarkeit und Stärke offenbaren, die sich allen Schmerzen zum Trotz für das Leben entscheiden: Für ein Leben in der Gegenwart, für ein Leben, das Raum läßt für alle Gefühle – auch die schmerzhaften. »Leben und nicht weglaufen« scheinen alle diese Frauen sagen zu wollen.

159

Juliette Binoche stellt ihre Gesichtszüge solchen Großaufnahmen zur Verfügung, die es erlauben, in jeder noch so kleinen Regung eine eigene Bedeutung zu sehen. »Das Gesicht wird zu einem offenen Buch, alles spielt sich in den Augen ab, im Ausdruck, in dem, was zurückgehalten wird.« (J. B. in: MENSUEL DU CINÉMA 9/93)

Es ist ein Spiel, das – wie Louis Malle ihr einmal sagte – minimalistisch ist; in ganz wenigen Bewegungen, in wenigen Worten wird alles ausgedrückt. »Manchmal«, erzählt Juliette Binoche, »habe ich Lust zu explodieren, mehr auszudrücken ... Doch bis jetzt haben die Rollen mir das nicht erlaubt. Ich hatte keine Lust, diese Geschichten auf eine andere Weise zu erzählen.« (Ebd.)

Die Handlungen der dargestellten Personen erscheinen außergewöhnlich und erinnern gleichzeitig an ganz alltägliche Gefühle und Situationen. Menschliche Schwächen werden nicht verurteilt, sondern beleuchtet, verstehbar gemacht oder einfach nur nachvollziehbar. Das ist es auch, was Juliette Binoche interessiert an der Darstellung, an den unterschiedlichen Filmen:

»Ich möchte zeigen, daß man Dinge tun kann, die zunächst kaum zu akzeptieren scheinen ... Man kann seinen Freund mit dessen Vater betrügen, man kann einen ›Clodo‹ mitten auf einer Brücke verlassen und so weiter. Unwichtig, was man macht, das, was zählt, das ist, wie man es macht. Ich denke, von einem bestimmten Punkt an kann man die Handlungen nicht mehr vom moralischen Standpunkt aus betrachten. Und genau das liebe ich in den Filmen: Reaktionen der Menschen in Extremsituationen verstehen und akzeptieren. Ob das die Personen der *Liebenden,* von *Verhängnis* oder *Blau* sind, man kann sie nicht verurteilen. Würde man nur den moralischen Aspekt betrachten, erschiene es beinahe unmöglich, ihr Handeln zu akzeptieren. Doch von dem Moment an, wo man die Person ein wenig verstanden hat, ist der Wert des Urteils nicht mehr derselbe. ›Wenn man doch nur einfach nicht urteilen könnte‹, das habe ich Lust zu sagen. Denn im Leben

160

hört man nicht auf zu urteilen. Wir sind so erzogen worden, und letztendlich schränkt das die Dinge sehr weit ein, man beraubt sich einer Freiheit. Diese Personen schaffen es, selbst durch einen Alptraum hindurch zu existieren, das finde ich faszinierend.« (Ebd.)

Filmographie

Abkürzungsverzeichnis:

FAZ = Frankfurter Allgemeine Zeitung; FR = Frankfurter Rundschau; KStA = Kölner Stadt-Anzeiger; NZZ = Neue Zürcher Zeitung; RP = Rheinische Post; SZ = Süddeutsche Zeitung; taz = Die Tageszeitung.

Kinofilme

LIBERTY BELLE (Frankreich 1983)
Regie: Pascal Kané. *Drehbuch:* Pascal Bonitzer und Pascal Kané. *Kamera:* Robert Alazraki. *Schnitt:* Martine Giordano.
Darsteller: Jérôme Zucca, Dominique Laffin, André Dussolier, Philippe Caroit, Jean-Pierre Kalfon, Anouk Ferjac, Bernard-Pierre Donnadieu, Fred Personne, JULIETTE BINOCHE.
Produktion: Nicole Flipo – Films A2, Gaumont, Hachette première. *Vertrieb:* Les Fils Galatée. *Länge:* 112 Minuten.

INHALT: Der Film spielt zur Zeit des Algerienkrieges. Die französische Nation ist geteilt zwischen den Anhängern eines französischen Algeriens und jenen, die für eine unabhängige Republik Algerien votieren. Die Stimmung ist aggressiv, bürgerkriegsähnlich. Die Rechte legt ihre Fänge aus, versucht auch unter Schülern Mitglieder zu werben. Auf der anderen Seite sind die, die die FLN, die algerische Befreiungsfront, unterstützen.
Julien, ein Gymnasiast aus der französischen Provinz, muß sich nach dem Tod seines Vaters alleine in Paris durchschlagen. Sein Weg spiegelt einen Teil der politischen und intellektuellen Stimmung jener Zeit wider. Man liest und diskutiert Sartre, die Frage nach der Verantwortung des einzelnen. Julien ist informiert, hat politische Überzeugungen und wird durch gewisse kulturelle Erscheinungen wie den »Dandy« angelockt. Durch einen verhängnisvollen Zufall wird er zum Dienstflüchtigen. Nach Jahren ist Julien von den Freunden derjenige, der sich selbst soweit wie möglich treu geblieben ist.

ZUM FILM: »*Liberty Belle* ist kein versöhnlicher Film. Entgegen der Mode, die heutzutage den Weg Sartres verneint und karikiert, betont der Film dessen Dauer und Modernität. Sei's drum. *Liberty Belle* hat die Originalität und die Würde, zu bestätigen, daß grundlegende Entscheidungen nicht auf Dauer entstellt werden. Sie behalten ihre Notwendigkeit und ihre unbeugsame Strenge.« (Françoise Audé in: POSITIF 273/83)

KRITIK: Michel Chion in: CAHIERS DU CINÉMA 351/83; Françoise Audé in: POSITIF 273/83

LE MEILLEUR DE LA VIE (Frankreich 1983)
Regie: Renaud Victor. *Drehbuch:* Renaud Victor, M. Theodori, Ch. Boyadjian, S. Rouffio. *Kamera:* Richard Copans. *Schnitt:* Jean Gargonne.
Produktion: Garance, Odessa Films, Les Films du Passage. *Vertrieb:* Odessa Films, Promo Intern. Distr. *Länge:* 95 Minuten. Uraufführung: 22.5. 1985, Paris.
JULIETTE BINOCHE beginnt mit Dreharbeiten für den Film, die sie jedoch nicht beenden kann: Als der Film unterbrochen werden muß und erst zu einem späteren Zeitpunkt fertiggestellt werden kann, halten anderweitige Verpflichtungen sie davon ab, die Arbeit wiederaufzunehmen.

JE VOUS SALUE, MARIE (Schweiz/Frankreich 1984)
Maria und Joseph
Regie/Drehbuch: Jean-Luc Godard. *Kamera:* Jean-Bernard Menou, Jacques Firmann. *Schnitt:* Jean-Luc Godard. *Musik:* Bach, Coltrane, Dvořàk. Ton: François Musy.
Darsteller: Myriem Roussel (Maria), Thierry Rode (Joseph), Philippe Lacoste (Engel Gabriel), JULIETTE BINOCHE (Juliette), Manon Andersen (Kleines Mädchen), Johan Leysen (Professor), Anne Gauthier (Eva), Malachi Jara Kohan (Jesus), Dick (Arthur).
Produktion: Sara/Pégase/J.L.G./S.F.R./Channel 4. *Länge:* 70 Minuten.
Deutsche Uraufführung: 23.2.1985, Berlinale.

INHALT: Der Film erzählt die biblische Geschichte von Maria und Joseph, die Geschichte der unbefleckten Empfängnis, angesiedelt in der Welt des 20. Jahrhunderts. Maria arbeitet in der Tankstelle ihres Vaters, sie hat einen Freund, Joseph, mit dem

Myriem Roussel in Godards ›Maria und Joseph‹.

sie keinerlei sexuellen Kontakt hat. Eines Tages jedoch wird sie schwanger, und der Erzengel Gabriel klärt sie in barschem Ton über die Ursache und den Grund der Schwangerschaft auf: Es ist ein göttlicher Grund, sie soll den Messias gebären, hinnehmen, daß Gott ihr die Empfängnis zudachte. Auch Joseph, der fest an Marias Untreue glaubt, wird überzeugt und dazu gebracht, bei Maria zu bleiben.

ZUM FILM: »Godard nähert sich dem Stoff durchaus nicht in blasphemischer Absicht, sondern sieht ihn, in seinem Sinne durchaus zu Recht, als Pendant zu *Prénom Carmen,* zum Mythos der sinnlichen, zerstörerischen Frau. Das Frauenbild bei Godard war ja schon immer nach Männersitte zweigeteilt, schon in *A bout de souffle* (Außer Atem) ist die Frau die Verräterin, führt die Liebe den Mann in den Tod, während in *Une femme est une femme* (Eine Frau ist eine Frau) dieselbe den Anspruch des

Titels dadurch erfüllt, daß sie mit dem Fahrrad durch die Wohnung kreist und fordert: ›Ich will ein Kind, ich will ein Kind.‹ Insofern ist es nocht nicht einmal verwunderlich, daß Godard in seinen letzten Filmen den impliziten Mythos explizit zum Thema macht. Keuschheit, Askese ist das Unterpfand der Spiritualität, der ›reinen‹ Liebe, die nicht Lust ist. (...) Zwar verkneift sich Godard nicht diese oder jene naheliegende Ironisierung, aber die bezieht sich fast ausschließlich auf die Erzähltechniken der Legende, auf die Diskrepanz zwischen einer konkretistischen Geschichte und einem irrealen Inhalt. So läßt er die unbefleckte Empfängnis der Jungfrau Maria ausgerechnet auf dem Gynäkologenstuhl vom Arzt bestätigen, (...) zeigt er drastisch die Anfechtungen Josephs im wahren Glauben vor dem schönen Körper Marias, den er zwar sehen, aber nur berühren darf, um sich von ihrer Unschuld zu überzeugen. In solchen Ironisierungen bricht Godard aber auf doppelte Weise das Geschehen: Wo Buñuel in der Blasphemie den Ort der Utopie rettet, stellt Godard in der Ironie die Unantastbarkeit des Mythos gerade erst her.« (Gertrud Koch in: EPD FILM 4/85)

KRITIK: Thomas Maurer in: ZOOM 4/85; Gertrud Koch in: EPD FILM 4/85; Hans Werner Dannowski in: EPD FILM 6/85; Gerd Conradt in MEDIUM 6/85; Siegfried Diehl in: FAZ vom 12.4.85; Wolfram Schütte in: FR vom 13. 4. 1985; Heinz Dietl in: GENERAL-ANZEIGER vom 1.5.1985; FILM-KORRESPONDENZ 8/23.4.85; Raphael Basson in: REVUE DU CINÉMA 402/85

LA VIE DE FAMILLE (Frankreich 1984)
Der Mann, der weint
Regie: Jacques Doillon. *Drehbuch und Dialoge:* Jean-François Goyet, Jacques Doillon. *Regieassistenz:* Dominique Baroni, Carole Golzio, Jean-Charles Beleteau. *Kamera:* Michel Carre. *Schnitt:* Nicole Dedieu. *Ton:* Michel Giuffan.
Darsteller: Sami Frey (Emmanuel), Mara Goyet (Elise), Juliet Berto (Mara), JULIETTE BINOCHE (Natascha), Aina Walle (Lili), Catherine Gandois (Frau mit Cognac), Simon de la Brosse (Cedric).
Produktion: TF1, Flach Film, Paris. *Produktionsleitung:* Daniele Freppel. Farbe. *Länge:* 98 Minuten.
Uraufführung: 13.2.1985, Paris.

INHALT: Ein Mann, Emmanuel, zwischen mehreren Frauen: Er lebt mit seiner Freundin und deren Tochter. Jeden Samstag holt er die eigene Tochter bei seiner Exfrau ab, um mit ihr das Wochenende zu verbringen. Auch dieses Wochenende wird er wieder mit seiner Tochter zusammensein, doch sehen die gemeinsam verbrachten Tage diesmal anders aus als bisher: Die Reise der beiden führt bis nach Spanien, es ist eine »Reise des Vaters zur Tochter«. Emmanuel hat immer die Videokamera dabei, filmt die Geschichten, die seine Tochter sich ausdenkt und erzählt. Er versucht, ihr näherzukommen, teilwese gelingt es auch, doch gleichzeitig scheinen Abgründe die beiden voneinander zu trennen. Der Vater legt ein »starrsinniges Verlangen« an den Tag, »bei dem jungen Mädchen so etwas wie ein Bewußtsein zu wecken. Ein Versuch, der bis zur Grausamkeit geht, Spiele, Versprechen, Erpressung ... Alles ist dem Vater recht, um den anderen zu manipulieren.« (Jean-Pierre Jeancolas in: POSITIF 288/85)

ZUM FILM: Es ist nicht die erste Geschichte, die von der Beziehung zwischen Vater und Tochter erzählt, doch es ist eine Geschichte, die ein großes Maß an Sensibilität aufweist, die nichts beschönigt, sondern Kommunikationsschwierigkeiten zwischen Vater und Tochter offenlegt. Aber immerhin: Kommunikation scheint möglich. Selbst wenn die Kamera ein Mittel darstellt, das zunächst jedes direkte Gespräch verhindert, so scheint sie doch eine Chance zu bieten, ein Gespräch anzufangen. »Am Anfang von *La vie de famille* stand der Wunsch, einen Vater zu zeigen, der unzulänglich und ein wenig abwesend gewesen ist, doch der sich dann sagt, daß es für ihn vielleicht noch an der Zeit sei, etwas zu tun, um seine Tochter nicht ganz zu verlieren. Einen Vater, der noch ein wenig daran glauben kann und für den dies seit langer Zeit ein wichtiger Traum ist: ›Eines Tages werde ich mit meiner Tochter fortgehen.‹ (...) Nach den ›Blutbädern‹ in meinen letzten drei Filmen wollte ich dem Protagonisten mal eine Chance geben ... Und ich wollte mal etwas Leichteres machen. Damit diesem Vater ein Lichtblick bleibt, ein Ausweg für ihn und seine Tochter, wohlwissend, daß dieser Lichtblick bedroht, das Drama niemals fern ist und jederzeit die Oberhand gewinnen kann.« (Jacques Doillon)

Sami Frey und Mara Goyet in Doillons ›Der Mann, der weint‹.

KRITIK: Jochen Brunow in: EPD FILM 3/86; H. G. Pflaum in: SZ vom 17.3.86; H. R. Blum in: RP vom 18.4.86; Karsten Visarius in: FR vom 19.4.86; Alain Philippon in: CAHIERS DU CINÉMA 368/85; Jean-Pierre Jeancolas in: POSITIF 288/85; Marcel Martin in: REVUE DU CINÉMA 402/85

ADIEU BLAIREAU (Frankreich 1984)
Regie/Drehbuch: Bob Decout. *Kamera:* Serge Halsdorf. *Schnitt:* Sophie Bhaud, Jean-Bernard Bonis. *Musik:* Dominique Perrier. *Darsteller:* Philippe Léotard (Fred), Annie Girardot (Colette), Jacques Pnot (Gégé), Amidou (Poupée), Christian Marquand (Victor), JULIETTE BINOCHE (B. B.), Albert Dray (Boris), Yves Renier (le professeur), Hubert Deschamps, Pierre Arditi. *Produktion:* Odessa Film, TF1 Films Produktion, G. A. Films,

Films Stanly. *Vertrieb:* Odessa Film, A. M. Films. Farbe. *Länge:* 94 Minuten.
Uraufführung: 30.4.1985, Paris.

INHALT: Fred ist Schauspieler, aber kein besonders erfolgreicher. Und Fred ist Spieler, er spielt viel und hoch, doch er gewinnt selten und wenig. Er macht Schulden, hohe Schulden, und wenn er seinen Kopf retten will, dann muß er umgehend bezahlen. Aber Fred ist nur mit dem Gedanken an seine ehemalige Freundin beschäftigt. Seine Versuche, sie zurückzuerobern, sind jedoch wenig erfolgreich: Sie lehnt es trotz ihrer Gefühle für Fred ab, sich auf das Leben mit ihm einzulassen, sie erträgt es nicht mehr, dieses ewige Wechselspiel von Hoch und Tief. Für Fred scheint jedoch ein Leben ohne das Mädchen, das er liebt, sinnlos. Um seine Schulden zu bezahlen, läßt er sich schließlich auf ein risikoreiches Unternehmen ein: Mord gegen Bezahlung. Doch er wird hereingelegt, entgeht nur knapp dem Tod und befindet sich nun in der Situation des Gejagten ...

ZUM FILM: »Das Drehbuch ist ein ›Schubladendrehbuch‹. In jeder Schublade ein Stück der Geschichte, ein Thema. Die Schauspieler und die ›amour fou‹, die Trennung, der Vertrag, die Falle, das Milieu, die Mörder, (...) so viele Teilstücke, die die Erzählung bilden. Teile, die man schon gesehen hat, Charakteristiken des *film noir.* Bob Decout blieb nicht viel mehr, als diese Facetten zu organisieren – und genau da läuft alles schief ...« (FICHES DU CINÉMA)

KRITIK: Yves Alion in: REVUE DU CINÉMA 405/85; Christophe d'Yvoire in: PREMIÈRE 97/85; FICHES DU CINÉMA 1985.

LES NANAS (Frankreich 1984)
Regie/Drehbuch: Annick Lanoë. *Kamera:* François Catonne.
Musik: François Valéry. *Schnitt:* Joelle van Effenterre.
Darsteller: Marie-France Pisier (Christine), Anémone (Odile), Dominique Lavanant (Evelyne), Macha Méril (Françoise), Odette Laure (Mutter von Christine), JULIETTE BINOCHE (Antoinette), Catherine Samie (Simone), Clémentine Celarie (Eliane).
Produktion: Lise Fayolle, Stand'Art. *Vertrieb:* U.G.C. Farbe.
Länge: 90 Minuten.
Uraufführung: 30.1.1985, Paris.

INHALT: Mädchen und Frauen unterschiedlichen Alters sind in ihrem Leben an ganz verschiedenen Stationen angelangt, alle haben ihre persönlichen Sorgen mit den Männern. So wie Christine, die vollkommen unerwartet davon erfährt, daß der Mann, den sie seit Jahren liebt und mit dem sie ein Verhältnis hat, sie mit einer anderen Geliebten betrügt. Was soll sie tun? Sich trennen? Ihm eine Szene machen, eine Entscheidung verlangen? Oder sich arrangieren, versuchen, eine Dreiecksbeziehung zu realisieren? Letzteres versucht sie, nachdem sie alles mit den Freundinnen durchgesprochen hat. Aber am Schluß ist sie die Dumme: Der Mann verläßt sie wegen der anderen. Alle haben ihre Probleme mit den Männern, ob sie sie per Kontaktanzeige suchen oder schwanger sind von einem Mann, der sich nie in ihrer Nähe blicken läßt. Alle Frauen versuchen, Beziehungen zu regeln und die verschiedenen Wünsche nach Beruf, Kind und Selbständigkeit unter einen Hut zu bekommen. Ein Unternehmen, das auf viele Hindernisse stößt.

ZUM FILM: Trotz eines Themas, das auf den ersten Blick ganz interessant erscheint, bleibt die Geschichte flach und oberflächlich. Die Probleme der Frauen bleiben ohne Emotionen, die hierarchische Beziehung zwischen Mann und Frau wird nicht tatsächlich in Frage gestellt. »Die Probleme sind Probleme des Herzens, alles in einer Atmosphäre, die schick bleibt, den guten Geschmack wahrt. Bleibt zu hoffen, daß dieses Singspiel nicht das natürliche Kind der Frauenbewegung der siebziger Jahre ist. Das wäre eher traurig.« (FICHES DU CINÉMA)

KRITIK: Jean A. Gili in: POSITIF 289/85; François Chevassu in: REVUE DU CINÉMA 403/85; Martine Moriconi in: PREMIÈRE 95/85; FICHES DU CINÉMA 1985

RENDEZ-VOUS (Frankreich 1985)
Rendez-Vous
Regie: André Téchiné. *Drehbuch und Dialoge:* André Téchiné, Olivier Assayas. *Regieassistenz:* Michel Bena, Bruno Herbulot. *Kamera:* Renato Berta. *Schnitt:* Martine Giordano. *Musik:* Philippe Sarde. *Ausstattung:* Jean-Pierre Kohut Svelko.
Darsteller: JULIETTE BINOCHE (Anne Larrieu, genannt Nina), Lambert Wilson (Quentin), Wadeck Stanczak (Paul Trabichet, genannt Paulot), Jean-Louis Trintignant (Scrutzler), Domi-

Lambert Wilson als Quentin in Téchinés ›Rendez-Vous‹.

nique Lavanant (Gertrude Soissons), Anne Wiazemsky (Theaterleiterin), Jean-Louis Vitrac (Fred), Jacques Nolot (Max), Philippe Landoulsi (Inspizient), Caroline Faro (Juliette), Arlette Gordon (Reporterin), Olimpia Carlisi, Katsumi Furukata, Madeleine Marie, Serge Martina, Michèle Moretti, Annie Noel, Patrick Perez.
Produktion: T. Films, Paris, Antenne 2, Paris. *Produktionsleitung:* Armand Barbault. Cinemascope. Farbe. *Länge:* 87 Minuten.
Uraufführung: 14.5.1985, Filmfestspiele Cannes.

INHALT: Die Provinz und Paris, das Leben und das Theater, der Haß und die Liebe. Gefühle wie Romeo und Julia: das Ideal einer vollkommenen Liebe, die Verzweiflung und Versuche, Liebe zu bewahren, ihr Ewigkeit zu geben. Das Mädchen Nina hofft, in Paris ihre provinzielle Vergangenheit abstreifen zu können und einen neuen, einen eigenen Weg zu finden.
Sie versucht sich als Schauspielerin: Schon nach kurzer Zeit kann sie in einer ersten Nebenrolle in einem Boulevardstück

170

spielen, sie scheint stolz zu sein, froh. Doch bald kommen ihr durch die Bemerkungen von Quentin – mit dem sie ein sehr aufreibendes, widersprüchliches Verhältnis hat – Zweifel an der Rolle, und sie schmeißt den Job. Erst viel später wird sie mit einer großen Hauptrolle Premiere haben, als Julia in Shakespeares Stück. Bis sie die innere Bereitschaft und Fähigkeit erwirbt, eine solche Rolle zu spielen, lernt sie den ganzen Dschungel bisher unbekannter Gefühle kennen. Sie macht die Erfahrung von Angst und Verzweiflung, lernt die Liebe kennen und die Schmerzen, die die Liebe bereiten kann.

ZUM FILM: Romeo und Julia – das ist die Verkörperung einer vollkommen erscheinenden Liebe, die im Tod ihre endgültige Erfüllung findet. In Téchinés Film erscheint diese Liebe in verschiedenen Formen und Facetten, eingetaucht in die Atmosphäre des Paris der 80er Jahre, in eine Zeit, die Gefühle kaum an die Oberfläche zu lassen scheint. Die Geschichte von Romeo und Julia erscheint als Theaterstück und als Sex-Show, sie beschäftigt den Theaterregisseur Scrutzler, dessen Bemühungen, das Stück zu inszenieren, aus sehr privaten Motiven resultieren (er hat seine Tochter verloren, die Selbstmord beging, um – wie Shakespeares Julia – eine vollkommene Liebe zu retten). Die Gefühle des klassischen Liebespaares werden für die Protagonistin des Films schließlich zum Schlüssel für ihre eigene Darstellung der Julia. Uralte Gefühle in ganz modernem Kontext: Liebe und Haß überholen sich nicht, auch nicht durch die Jahrhunderte. Die Besetzung des Films mit ganz jungen, relativ unbekannten Schauspielern hat sich als erfolgreiches Wagnis herausgestellt. Juliette Binoche, Lambert Wilson und Wadeck Stanczak überzeugen in ihrer Darstellung. »Téchinés mit Kulturgut überfrachtete Geschichte wird durch seine Schauspielerführung und durch das überragende Spiel seiner jugendlichen Darsteller vor dem Abgleiten ins Altmodische gerettet. Darsteller, die gerade auch in den emotional heftigen Szenen überzeugend wirken. (…) Daß der Film in Frankreich noch eine Zukunft zu haben scheint, liegt neben einer gewissen handwerklichen Solidität der Regisseure auch am großen Potential jugendlicher Schauspieler mit Talent und starkem individuellem Ausdruck.« (Jochen Brunow in KStA vom 28.9.85)

KRITIK: Rainer Gansera in: EPD FILM 10/85; Siegfried Diehl in: FAZ vom 2.9.85; Heike Kühn in: FR vom 5.9.85; Ulrich Müller-Schöll in: DIE ZEIT vom 6.9.85; Claudius Seidl in: SZ vom 6.9.85; Jochen Brunow in: KSTA vom 28.9.85; Heiko R. Blum in RP vom 14.9.85; dlw in: NZZ vom 21.11.85; Serge Toubiana in: CAHIERS DU CINÉMA 373/85; REVUE DU CINÉMA 407/85; Dominique Maillet in: PREMIÈRE 96/85, Jean Paul Chaillet und Martine Moriconi in: PREMIÈRE 98/85; Emmanuel Decaux in: CINÉMATOGRAPHE 100/85

THIERRY MUGLER (Frankreich 1985)
Dokumentarfilm
Regie: Robert Réa, Konzept: Jean Rouzaud.
Darsteller: JULIETTE BINOCHE, Isabelle Huppert, Victor Lazlo, Delphine de Gerphanion.
Produktion: Télélibération, Beaubourg, Thierry Mugler. Support d'origine, vidéo 1 pouce sonore. Farbe. *Länge:* 54 Minuten.

ZUM FILM: Eine Dokumentation über den berühmten Modeschöpfer Thierry Mugler. Vorgestellt werden seine unterschiedlichen Kollektionen, das Spiel mit Farben und Formen der Stoffe. Lange Interview-Auszüge ermöglichen es, die Intentionen des Couturiers zu beleuchten: Kleidung als die Kunst, die dem Körper und der Seele am nächsten steht. Er möchte mit seiner Kleidung einen Hinweis geben auf das, was sich hinter den Stoffen, hinter dem Körper verbirgt; Mode, die – so möchte es Thierry Mugler – es erlaubt, einen Blick auf den Charakter zu werfen. Für den Modeschöpfer bietet der Film die Möglichkeit, drei ganz unterschiedliche Frauen einzukleiden und vorzustellen »wie er sie sieht«: die Sängerin Victor Lazlo, die in hautengen Kostümen »Put the Blame on Me« ertönen läßt; die Schauspielerin Isabelle Huppert, »eine klassische Schönheit«, die wortlos durch die Halle eines großen Theaters gleitet, tanzt; und Juliette Binoche, die der Modeschöpfer als Jeanne d'Arc in Szene setzt.

MAUVAIS SANG (Frankreich 1986)
Die Nacht ist jung
Regie/Drehbuch: Léos Carax. *Kamera:* Jean-Yves Escoffier. *Schnitt:* Nelly Quettier. *Musik:* Benjamin Britten, Prokofiew,

Plakatmotiv: ›Die Nacht ist jung – Mauvais sang‹.

Charlie Chaplin. *Ausstattung:* Michel Vandestien, Thomas Peckre, Jack Dubus.
Darsteller: Denis Lavant (Alex), JULIETTE BINOCHE (Anna),

Michel Piccoli (Marc), Julie Delpy (Lise), Hans Meyer (Hans), Carroll Brooks (Amerikanerin), Hugo Pratt (Boris), Serge Reggiani (Charlie), Mireille Perrier (junge Mutter) , Jérôme Zucca (Thomas), Charles Schmitt (Kommissar), Phillippe Fretin (Portier), Ralph Brown (Chauffeur).
Ausführende Produzenten: Alain Dahan, Philippe Diaz. *Produktion:* Films plain chant, Soprofilms, FR 3 Films Production. Farbe. *Länge:* 105 Minuten.
Deutsche Uraufführung: 1.3.1987, Berlinale

INHALT: Ein geheimnisvoller Virus bedroht die Menschheit, er infiziert alle, die Liebe machen, ohne ein tieferes Gefühl füreinander zu empfinden. Zwei rivalisierende Gangstergruppen suchen sich den Retrovirus anzueignen: »die Amerikanerin« und die alternden Gangster Marc und Hans. Sie engagieren Alex, der von seinem Vater die »schnellen Finger« geerbt hat. Der Vater ist tot, und Alex bricht mit dem Vergangenen, läßt sich auf den Coup ein, um mit dem verdienten Geld neu anzufangen. Und dann passiert, was passieren muß: Alex verliebt sich in die Frau vom Boß, Anna. Eine schweigsame Liebe, eine Liebe, die weder in Worten noch in Gesten realisiert wird: Dann zum Beispiel, wenn Anna sich zurückzieht, um im gegenüberliegenden Hotel zu übernachten, und Alex versucht, ihr seine Gefühle zu offenbaren und ihr eine Reaktion zu entlocken. Doch er muß ihren Wunsch nach Ruhe akzeptieren. Unausgesprochene Annäherungen und ganz behutsame Berührungen. Und dann unternehmen die Gangster und Alex den Coup, und der mißlingt.

ZUM FILM: »Man mag sich irritiert fühlen von der mitunter etwas gewollt lakonischen Poesie dieses Films, seinen prägnanten Pausen und prätentiösen Posen, und doch verführt werden vom Kaleidoskop der Kinematographie, das Carax offenbart: Schwarzstellen, die Szenen trennen; extreme Nahaufnahmen von hypnotischer Intensität, ungewohnte Kameraperspektiven; eine plötzliche Stille, wo Worte keine Bedeutung mehr haben. (…) Doch anders als Beineix oder Besson, die aus vertrauten Versatzstücken des Films und der Medienwelt ein schillernd schönes Synthetik-Kino schaffen, ist Carax kein Manierist der High-Tech-Kultur. ›Ich mache Filme‹, sagt er, ›nicht um andere zu imitieren, sondern um meine Liebe zu zeigen: für eine Blu-me, ein Mädchen, ein Gesicht, eine Stadt oder einen Filmema-cher.‹« (Helmut W. Banz in: KSTA vom 13.2.88)

»Man vermeint, die Filmemacher zu kennen, die das Talent und die Erfahrung besitzen, um im vielfältigen und anspruchsvollen Kinoschaffen Grenzen zu durchbrechen (weshalb man etwa gespannt auf Wim Wenders' ›Der Himmel über Berlin‹ wartete und auch nicht enttäuscht wurde). Und dann erlebt man Über-raschungen wie etwa Jim Jarmuschs ›Stranger than Paradise‹, der zu diesen seltenen Innovationen gehört, die unvermutet auf-tauchen und frischen Wind ins Filmschaffen bringen. Zu den Leuten, die für solche Überraschungen gut sind, wird man in Zukunft wohl auch Léos Carax zählen dürfen, den erstaunli-chen Jungfilmer, der, noch nicht 20jährig, bereits zwei Kurz-filme realisiert und erste Kritiken geschrieben hatte. Es folgt 1983 sein Spielfilm ›Boy Meets Girl‹, der bereits einige Beach-tung fand, und nun ›Mauvais sang‹, ein Werk, das durch seine authentische Ausdrucksstärke mehr als verblüfft …« (Stefan Kunzelmann in: ZOOM 24/87)

KRITIK: Anne Bilson in: MONTHLY FILM BULLETIN 310/1987; Stefan Kunzelmann in: ZOOM 24/87; Martina Müller in: EPD FILM 3/88; Sebastian Feldmann in: RP vom 12.2.88; H. W. Banz in: KSTA vom 13.2.88; seg in: FR vom 28.2.88; Eva-Maria Lenz, in: FAZ vom 25.3.88; Bodo Fründt in: SZ vom 21.6.88; Boe in: NZZ vom 4.8.88; Alain Philippon in: CAHIERS DU CINÉMA 389/86; Vincent Amiel in: POSITIF 311/87, Marcel Martin in: REVUE DU CINÉMA 422/86; Christophe d'Yvoire in: PREMIÈRE 112/86

MON BEAU FRÈRE A TUÉ MA SŒUR (Frankreich 1986)
Regie: Jacques Rouffio. *Drehbuch:* Georges Conchon. *Kamera:* Jacques Loiseleux. *Schnitt:* Anne Ruiz. *Musik:* Philippe Sarde. *Darsteller:* Michel Piccoli (Etienne Sembadel), Michel Serrault (Octave Clapoteau), JULIETTE BINOCHE (Esther Bouloire), Jean Carmet (Jocelyn Bouloire) Milva Biolcati (Renata Palozzi), Tom Novembre (Léon), Jean-Pierre Bisson (D'H), Isabelle Petit-Jacques (Micheline).
Produktion: Cineproduction. *Länge:* 95 Minuten.
Uraufführung: 5.3.1986, Paris.

INHALT: Octave und Etienne kennen sich schon seit vielen Jahren, Etienne ist Mitglied der Académie Française, wo man gerade sein letztes Werk bewundern konnte. Die beiden Männer treffen auf die junge Psychatrie-Ärztin Esther. Bei einem gemeinsamen Abendessen erzählt sie, daß ihr Schwager ihre Schwester ermordet hat. Octave und Etienne gehen der Sache nach. Mißverständnisse und Komplikationen erschweren ihre Nachforschungen, doch schließlich gelingt es ihnen, den Täter zu überführen und ihm ein Geständnis zu entlocken.

ZUM FILM: »*Mon beau frère a tué ma sœur* ist nicht nur hinsichtlich des Titels ein Familienfilm, sondern weil man schon im Vorspann Personen mit gewissen Ähnlichkeiten und außergewöhnlichen Vorlieben wiederfindet. Immer wieder variieren sie ihre Verbindung und arbeiten von Film zu Film eine ganz eigene Ästhetik aus. (…) Francis Girod – der im Film als Fernsehreporter auftaucht –, Jacques Rouffio, Georges Conchon, Michel Piccoli und Jean Carmet haben schon oft ihre Talente vereinigt, um Werke zu schaffen, (…) die zwar selten überzeugend sind, doch im Rahmen des französischen Kinos der letzten 15 Jahre immer von großer Originalität zeugen.« (Michel Sineux in: POSITIF 303/86)
Leider ist der Film ohne jede Spannung inszeniert, selbst die wenigen Momente, die eine schöne Szene ausmachen könnten, bleiben fade. Auch die hervorragende Besetzung vermag das nicht zu ändern.

KRITIK: Michel Sineux in: POSITIF 303/86; Christophe d'Yvoire in: PREMIÈRE 105/85; Martine Moriconi in: PREMIÈRE 108/86

THE UNBEARABLE LIGHTNESS OF BEING (USA 1987)
Die unerträgliche Leichtigkeit des Seins
Regie: Philip Kaufman. *Drehbuch:* Jean-Claude Carrière, Philip Kaufman, nach dem gleichnamigen Roman von Milan Kundera. *Kamera:* Sven Nykvist. *Schnitt:* Walter Murch. *Musik:* Leo Janacek. *Ausstattung:* Pierre Guffroy.
Darsteller: Daniel Day-Lewis (Tomas), JULIETTE BINOCHE (Teresa), Lena Olin (Sabina), Derek de Linten (Franz), Erland Josephson (Der Botschafter), Pavel Levandovsky (Pavel), Donald Moffat (Chefarzt), Daniel Olbrychski (Agent des Innenministeriums), Stellan Starsgard (Ingenieur), Tomek Bork (Jiri).

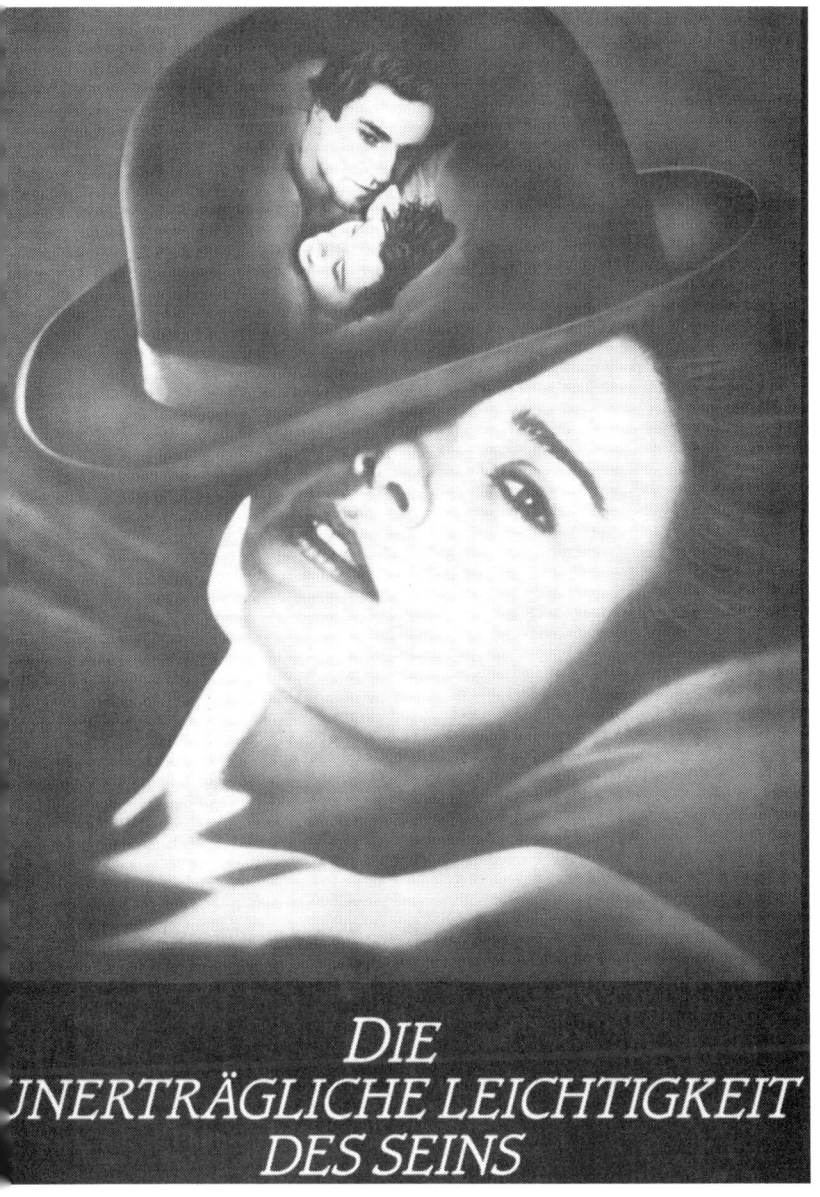

DIE
UNERTRÄGLICHE LEICHTIGKEIT
DES SEINS

Produktion: Saul Zaentz. Farbe. Dolby Stereo. *Länge:* 170 Minuten. *Kinostart:* 7.4.1988

INHALT: Vor dem Hintergrund des Prager Frühlings wird die Liebesgeschichte zwischen Teresa und Tomas erzählt. Das junge Mädchen aus der Provinz ist naiv, beinahe scheu und voll von aufrichtiger reiner Liebe für den berühmten Gehirnchirurgen. Der hält jedoch keiner Frau die Treue, für ihn ist die Liebe ein Sexabenteuer ohne tiefe Gefühle. Schon lange pflegt er auf dieser Basis eine Verbindung mit Sabina und gibt die Beziehung auch nicht auf, als er sich mit Teresa einläßt. Doch die Beziehung zu diesem Mädchen, der jungen Frau, die ihm so direkt und offenherzig ihre ganze Liebe entgegenbringt, entwickelt sich anders ...

ZUM FILM: Die Verfilmung des Bestseller-Romans von Milan Kundera (der 1984 im französischen Exil erschienen ist) war sicherlich ein gewagtes Unternehmen, galt doch der Roman, der von Anfang an zur filmischen Inszenierung gereizt hatte, als unverfilmbar. Als Philip Kaufman den Versuch wagte, waren die Reaktionen ganz unterschiedlich: zwischen himmelhoch jauchzend und zu Tode betrübt. Kritisiert wurde vor allem die Ästhetisierung problematischer politischer und philosophischer Fragen durch den Film. Literaturverfilmungen sind immer ein Drahtseilakt, der nur in den allerseltensten Fällen gelingt. Doch auch wenn man den Film als eigenständiges Werk betrachtet, bleibt Kaufmans Verfilmung Hollywood-Kino: eine Welt der schönen Bilder, Bilder, die nicht selten leer bleiben und die – trotz eindrucksvoller, schöner Momente – nur allzu leicht ins Kitschige abrutschen.

KRITIK: Knut Hickethier in: EPD FILM 4/88; Roland Vogler in: ZOOM 8/88, Peter Strotmann in: FILM-KORRESPONDENZ 9/26.4.88; H. G. Pflaum in: SZ vom 7.4.88; Andreas Kilb in: DIE ZEIT vom 8.4.88; Norbert Grob in: KStA vom 9.4.88; Dietmar Bittrich in: DIE WELT vom 9.4.1988; Hans-Dieter Seidel, in: FAZ vom 19.4.88; SPIEGEL 15/88; Boe in: NZZ vom 14.4.88; Antoine de Baeque in CAHIERS DU CINÉMA 405/88; Jacques Zimmer in: REVUE DU CINÉMA vom 437/88; Stella Molitor und Michèle Halberstadt in: PREMIÈRE 132/88; Michel Rebichon in: STUDIO MAGAZINE 12/88

UN TOUR DE MANEGE (Frankreich 1989)

Regie: Pierre Pradinas. *Drehbuch:* Pierre Pradinas, Simon Pradinas, Alain Gautré. *Kamera:* Jean-Pierre Sauvaire. *Schnitt:* Chantal Delattre. *Musik:* Albert Marcoer. *Ausstattung:* Michel Vandestien.

Darsteller: JULIETTE BINOCHE (Elsa), François Cluzet (Al), Thierry Gimenez (Duc), Daniel Jegou (Sylvain), Jean-Chrétien Silbertin-Blanc (Rateau), Denis Lavant (Berville), Thierry Fotineau (Jo), Albert Prévost (Montaigne), Brigitte Catillon (Karine).

Produktion: A. B. Films, Au Progrès du Singe, Chapeau Rouge Films, les Productions du 3ème étage, Orly Films. *Länge:* 80 Minuten.

Uraufführung: 29.3.1989, Paris

INHALT: Paris, der Rand von Paris, der Anfang der Banlieu. Das Leben von Al, Elsa und den Freunden ist eintönig, von Geldsorgen überschattet und ohne die Aussicht auf eine wirkliche Verbesserung – trotz der permanenten Versuche der Freun-

Juliette Binoche und François Cluzet in Pradinas ›Un tour de manège‹

179

de, erfolgreiche, lukrative Projekte durchzuführen. Aber Hoffnungen und Gefühle der jungen Menschen lassen sich nicht einfach ausradieren, auch nicht dort, wo die Stimmung als hoffnungslos erscheint: Al liebt Elsa, doch die hat genug von diesem Leben, genug von Als Unfähigkeit, über den Augenblick hinauszuschauen. Sie verläßt ihn, sie kommt wieder, Streit und Versöhnung bestimmen ihr Zusammensein. Doch die verzweifelten Versuche von Al und Elsa, ihre Liebe zu retten, sind zum Scheitern verurteilt ...

ZUM FILM: Pierre Pradinas filmt das Hin und Her einer Generation, die nicht mehr genug Energie hat, um dauerhafte Liebe zu empfinden, die aber gerade noch genug Puste hat, um die letzten Wände der Verzweiflung niederzureißen. Eine Generation, der die Aussicht auf ein Morgen verbaut ist, die nicht weiß, welchen Weg sie gehen soll und auf welche Weise. Auch wenn die Versuche von den Schwierigkeiten dieses Daseins zu erzählen nicht durchgängig überzeugen, so gelingt es, auf die emotionale Befindlichkeit der Personen hinzuweisen, ohne Zeigefinger, nur um aufzudecken, das da Ängste, Gefühle und Hoffnungen im Spiel sind ...

KRITIK: A. D. in: REVUE DU CINÉMA 448/89; Stella Molitor in: PREMIÈRE 144/89; FICHES DU CINÉMA 1988

LES AMANTS DU PONT NEUF (Frankreich 1991)
Die Liebenden von Pont Neuf
Regie/Drehbuch: Léos Carax. *Kamera:* Jean-Yves Escoffier. *Schnitt:* Nelly Quettier. *Ton:* Henry Morelle. *Musik:* Les Rita Mitsouko, David Bowie, Iggy Popp, Arvo Part, Gilles Tinayre. *Ausstattung:* Michel Vandestien.
Darsteller: JULIETTE BINOCHE (Michèle), Denis Lavant (Alex), Klaus-Michael Grüber (Hans).
Produktion: Films Christian Fechner/Film Antenne 2.
Uraufführung: 16.8.1991, Paris

INHALT: Alex, der Akrobat, der auf der Brücke schläft und von den Gewinnen lebt, die ihm seine Kunststücke als Feuerschlucker einbringen, die er allabendlich zur Schau stellt. Michèle, das Mädchen, das aus der Bourgeoisie kommt und dennoch genauso auf der Straße lebt wie Alex: Sie ist Malerin, eine

Juliette Binoche und Klaus-Michael Grüber in: Die Liebenden von Pont Neuf.

Malerin, die ihr Augenlicht langsam und scheinbar unaufhaltbar verliert.

Mitten in Paris, auf der ältesten Brücke, die über die Seine führt, dort, wo mitten im Glanze historischer Pracht das ganze Elend einzelner Menschen sichtbar wird, treffen sich die beiden. Alex, der es nicht versteht, mit Worten umzugehen, und Michèle, deren Welt die Bilder sind: Eine beinahe sprachlose visuelle Kommunikation entsteht, eine tastende Annäherung, eine unmöglich erscheinende Liebe, die schließlich dennoch im Lichterglanz der Revolutionsfeiern ihren Anfang nimmt.

ZUM FILM: Eine Liebe in hoffnungsloser Umgebung. Dokumentaraufnahmen der Armutsquartiere in Nanterre beschwören das Elend der Großstadt. Sie schweben über der Geschichte, bleiben wie eine dunkle Gewißheit gegenwärtig. Die Bilder, die dann kommen, haben nichts mehr von dieser rohen Grausamkeit, sie lösen die Anfangsaufnahmen ab, ohne sie jedoch auszuradieren. Die Brücke als Lebensraum für Menschen, die kein Morgen haben oder die nicht an ein Morgen glauben. Hier erwächst der Traum, zu lieben und zu leben. »Carax steht ganz bewußt in der Tradition der *cinéastes maudits:* Stroheim, Welles, Ray, Pasolini, Godard. Er beschwört, so rabiat wie rauschhaft, Momente des *non-conformisme:* Menschen jenseits der Grenze – in ihrem Tun, in ihrer Reaktion auf andere, in ihrer Freiheit zur Realität um sie herum. Seine Helden sind, anders als etwa die frühen Außenseiter bei Rohmer, Godard und Rivette, keine *misérables,* sondern Höllenkumpane, innerlich zerrissen, körperlich zerschlissen. Für sie gibt es nur ›den fortwährenden Schmerz und den Schatten, die Nacht der Seele und (...) keine Stimme zum Schreien‹. Sie stehen Rimbaud näher als Balzac, Genet näher als Sartre.« (Norbert Grob in: DIE ZEIT vom 28.3.92)

KRITIK: Carola Fischer in: ZOOM 8/92; Sabine Horst in: EPD FILM 7/92, Barbara von Ihering in: DIE ZEIT vom 22. 11 91; Harald Martenstein in: DER TAGESSPIEGEL vom 2.7.92; Heike Kühn in: FR vom 3.7.92; Norbert Grob in: DIE ZEIT vom 3.7.92; Eva-Maria Lenz in: FAZ vom 4.7.92; Michael Althen in: SZ vom 10.7.92; Sebastian Feldmann in: RP vom 3.7.92; Brigitte Desalm in: KSTA vom 4.7.92; SPIEGEL 28/92; köp in: NZZ vom 23.7.92; Camille Taboulay in: CAHIERS DU CINÉMA 448/91; CAHIERS DU CINÉMA; Sondernummer Pont Neuf, Oktober 91; Jacques Zimmer in: REVUE DU CINÉMA November 91; Jean-Claude Loiseau in: PREMIÈRE 169/91; Jean-Jacques Bernard in: PREMIÈRE 175/91; Christophe d'Yvoire in: STUDIO MAGAZINE 54/91, Christophe d'Yvoire in: STUDIO MAGAZINE 55/91

WUTHERING HEIGHTS (1992)
Regie: Peter Kosminsky
Der Film ist in Deutschland und Frankreich nicht herausgekommen.

DAMAGE (England/Frankreich 1992)
Verhängnis
Regie: Louis Malle. *Drehbuch:* David Hare, nach dem gleichnamigen Roman von Josephine Hart. *Kamera:* Peter Biziou.

Schnitt: John Bloom. *Musik:* Zbigniew Preisner. *Ausstattung:* Brian Morris.

Darsteller: Jeremy Irons (Stephen Fleming), JULIETTE BINOCHE (Anna Barton), Miranda Richardson (Ingrid Fleming), Rupert Graves (Martyn Fleming), Leslie Caron (Elizabeth Prideaux), Jan Bannen (Edward Lloyd), Gemma Clarke (Sally Fleming), Peter Stormare (Peter), Julian Fellows (Donald Lindsay), Roger Llewellyn (Palmer), Susan Engel (Miß Snow), Raymond Gravell (Raymond), Jeff Nuttall (Trevor Leigh Davies), Jason Morrell (Junger Mann bei Sothebys), Barry Stearn (Beamter), Tony Doyle (Premierminister), Linda Delapina (Beth), Henry Power (Henry), Benjamin Whitrow (Älterer Beamter), David Thewlis (DC Phelps).

Produktion: Louis Malle. NEF, SKREBA, LE studio CANAL

Jeremy Irons, Miranda Richardson, Rupert Graves und Juliette Binoche in ›Damage‹.

PLUS mit Beteiligung von CHANNEL 4, CANAL PLUS und des European Co-Production Fonds. Farbe. *Länge:* 110 Minuten.
Deutsche Uraufführung: 10.12.1992, Berlin.

INHALT: Der Arzt und Politiker Stephen Fleming führt ein wohlgeordnetes bürgerliches Familienleben mit Ehefrau Ingrid und seinen zwei Kindern: einer Tochter, die gerade mitten im schönsten Teenageralter ist, und einem Sohn, Martyn, der dabei ist, sich eine Karriere als Journalist aufzubauen. Stephen ahnt nicht, daß diese Idylle nur Fassade ist, eine Fassade, die einen jähen Abbruch findet, als er der Freundin seines Sohnes begegnet: Mit Anna läßt er sich auf eine leidenschaftliche Affäre ein, und sein bisheriges Dasein zerbröckelt mit aller Gewalt. Stephen ist bereit, seine gesamte Existenz aufzugeben, um die Leidenschaft auszuleben, die ihn mit Anna verbindet. Alles deutet darauf hin, daß eine solche Verbindung nicht gutgehen kann, daß der Ausbruch solch starker Gefühle ein tragisches Ende nehmen wird …

ZUM FILM: »Sarkastisch beschreibt Malle – eine Anspielung auf Renoirs unglücklich verliebte Bürger, die als *clochards* endeten – den Tod des *gentleman* als eine akribische Existenz, die noch, in Fremde und Armut verstoßen, akkurat den Käse zelebriert. Die Unordnung der Gefühle hat der Ordnung der Dinge nichts anhaben können. Sein Fegefeuer erlebt Stephen Fleming, der einst prädestiniert war, an die Spitze des Staates zu kommen, indem er seinen bürgerlichen Tod als Untoter überlebt.
Die filmische Form, die Louis Malle nun im Alter gefunden hat, feiert in dieser zurückhaltend-dekadenten Delikatesse ihren eigentlichen Triumph. Denn sie besagt nichts anderes, als daß überlebte Formen von außen gar nicht mehr zerstört werden müssen; sie verzehren sich selber von innen.« (Peter Buchka in: SZ vom 15.1.93)

KRITIK: Dominik Slappnig in: ZOOM 12/92; Alfred Holighaus in: TIP 25/92; Peter W. Jansen in: DER TAGESSPIEGEL vom 10.12.92; Peter Körte in: FR vom 14.1.93; Rolf Schüler in: TAZ vom 14.1.93; Peter Buchka in: SZ vom 15.1.93; SPIEGEL 2/92; STERN 3/93; Olivier de Bruyn in: POSITIF 382/92; Thierry Jousse in: CAHIERS DU CINÉMA 463/93; Yves Alion in: MENSUEL DU

Cinéma 1/92; Jean-Jacques Bernard in: Première 189/92; Marc Esposito in: Studio Magazine 68/92; Anne Andreu in: Événement du Jeudi vom 10.12.92

TROIS COULEURS: BLEU (Frankreich 1993)
Drei Farben: Blau
Regie: Krzysztof Kieslowski. *Drehbuch:* Krzysztof Piesiewicz, Krzysztof Kieslowski, unter Mitarbeit von Agnieszka Holland, Edward Zebrowski, Slawomir Idziak. Regieassistent: Emmanuel Finkiel. *Kamera:* Slawomir Idziak. *Schnitt:* Jacques Witta. *Musik:* Zbigniew Preisner. *Ausstattung:* Claude Lenoir.
Darsteller: Juliette Binoche (Julie), Benoît Régent (Olivier), Florence Pernel (Sandrine), Charlotte Véry (Journalistin), Philippe Volter (Makler), Claude Duneton (Arzt), Hugues Quester (Patrice, Julies Ehemann), Emmanuelle Riva (Mutter), Florence Vignon (Kopiererin), Jacek Ostazewski (Flötist), Yann Tréguet (Antoine), Isabelle Sadoyan (Haushälterin), Daniel Martin (Nachbar von unten), Catherine Thérouenne (Nachbarin), Alain Ollivier (Anwalt), Pierre Forget (Gärtner), Philippe Manesse, Arno Chevrier, Idit Cebula, Stanislas Nordey, Jacques Diesses, Michel Lisowski, Yves Penay, Philippe Morier-Genoud, Julie Delpy, Zbigniew Zsamachowski, Alain Decaux.
Produktion: MK 2 Productions SA, Paris/CED Productions, Paris/France 3 Cinema, Paris/CAB Productions, Lausanne/»TOR« Production, Warschau/Canal +. Farbe. *Länge:* 98 Minuten.
Kinostart: 4.11.1993.

INHALT: Julie verliert bei einem Autounfall ihren Mann, einen berühmten Komponisten, und ihre kleine Tochter. Von einem Tag auf den anderen verändert sich ihr gesamtes Leben, es erscheint ihr sinnlos, leer. Sie versucht, sowohl das Vergangene hinter sich zu lassen als auch der Gegenwart zu entfliehen: Sie zieht sich in eine vollkommen anonyme Isolation zurück, in ein Quartier, wo sie keiner kennt, in dem sie untertauchen kann. Aber nach und nach holt die Vergangenheit sie wieder ein. Überall scheint sie die Musik ihres Mannes zu hören, Erinnerungen werden wach, und dann beschließt der ehemalige Mitarbeiter dieses berühmten Musikers, das unvollendet gebliebene Konzert für Europa zu Ende zu bringen. Er liebt Julie schon seit langer Zeit, und er hofft, sie so aus ihrer selbstgewählten Iso-

lation herauszuholen. Gemeinsam vollenden sie das Konzert, ein Konzert, an dessen Ende eine Hymne an die Liebe steht. »Wenn ich mit Engelzungen redete, hätte aber die Liebe nicht, so wär' ich nur ein tönendes Erz ...« Julie begreift, daß ihre Freiheit darin liegt, das, was war, und das, was kommen wird, zu akzeptieren, sich der Liebe und dem Leben zu öffnen.

ZUM FILM: »Eine Farbe als Leitmotiv und atmosphärischer Grundton eines Films; Blau, die Farbe des Flüchtigen, Fernen und Unerreichbaren. Farbe von Trauer und Melancholie ebenso wie von Erotik und Verheißung: Auf Kieslowskis ersten, langen Zyklus zu den Zehn Geboten folgt nun ein zweiter, kürzerer, zu den Werten der Französischen Revolution und wie sie sich mit den Farben der Trikolore verbinden. Und wieder hinterfragt er die Gültigkeit historisch überlieferter Ideale, indem er sie an das Alltagsleben im ausgehenden 20. Jahrhundert bindet.« (Anke Sternberg in: SZ vom 5.11.93)

»Für die Erzählweise von Kieslowski sind Schattenbilder, überraschende Schwankungen und eine dunkle melancholische Aura charakteristisch. Daraus entsteht machmal ein allzu deutlicher Hang zum Pathos, der vielleicht nicht jedermanns Sache ist und Kieslowski gelegentlich den Vorwurf einbringt, seine Sache sei das gehobene Kunstgewerbe. Aber Kieslowski beherrscht die schwierige Gratwanderung zwischen Kunstgewerbe und tieferer Bedeutung, zwischen lockerem Scherzen und virtuoser Kinoemotion.« (Josef Schnelle in FR 5.11.93)

KRITIK: Brigitte Desalm in: KSTA vom 7.9.93; Urs Jenny in: SPIEGEL 44/93; Roger Köppel in: NZZ vom 25.11.93; Andreas Kilb in: DIE ZEIT vom 5.11.93; Hans-Dieter Seidel in: FAZ vom 5.11.93; Anke Sterneborg in: SZ vom 5.11.93; Peter W. Jansen in: DER TAGESSPIEGEL vom 8.9.93; Josef Schnelle, in: FR vom 5.11.93; Miriam Niroumand, in: TAZ vom 4.11.93; Vincent Ostria in: CAHIERS DU CINÉMA 471/93, Didier Roth-Bettoni in: MENSUEL DU CINÉMA 9/93; Monique Neubourg in: PREMIÈRE 198/93; Jean-Pierre Larvignat in: STUDIO MAGAZINE 77/93; Marie-Noelle Tranchant in: LE FIGARO vom 6.9.93, Marc Yoyeux in: LE QUOTIDIEN vom 13.9.93; Monique Pantel in: FRANCE SOIR vom 15.9.93; Gilles Médioni in: L'EXPRESS vom 9.9.93; Daniel Toscan du Plantier in: FIGARO MAGAZINE vom 18.9.93

LE HUSSARD SUR LE TOIT (Frankreich 1994/95)
Der Husar auf dem Dach
Regie: Jean-Paul Rappeneau. *Drehbuch:* Jean-Paul Rappeneau,
Nina Companeez, Jean-Claude Carrière nach dem gleichnami-
gen Roman von Jean Giono. *Kamera:* Thierry Arbogast.
Schnitt: Noelle Boisson. *Musik:* Jean-Claude Petit. *Ausstattung:*
Ezio Frigerio. *Kostüme:* Franca Squarciapino.
Darsteller: Olivier Martinez (Angelo), JULIETTE BINOCHE (Pau-
line), François Cluzet (der Arzt), Jean Yanne (der Hausierer),
Pierre Arditi (Monsieur Peyrolle), Isabelle Carré (die Erziehe-
rin), Claudio Amendola (Maggionari), Jacques Sereys (der alte
Herr), Jean-Marie Winling (der Stellvertreter).

INHALT: »Er läuft und läuft, der schöne Offizier mit dem Gesicht eines Engels, er läuft in den Straßen und auf den sonnen-
überfluteten Dächern, unermüdlich galoppiert er durch die un-
ebenen Wege der Garrigue. Aber wohin? Warum? Um den
schwarzen Männern in diesem schwarzen Wagen zu entkommen, der von schwarzen Pferden gezogen wird? Dennoch, er hat
nicht das Aussehen eines Straßenräubers, dieser italienische
Husar. Und warum sind diese Dörfer, diese Burgen, die er
durchquert, tot, verlassen, versteinert unter der glühenden Sonne … Und warum sind da diese Schwärme von Geiern, die da-
vonfliegen, wenn er sich nähert? Welches Fest stört er? Warum
sind diese Schlächter von undeutlicher Form röter als die unter-
gehende Sonne? Und woher dieser üble Geruch? Wer ist diese
junge rätselhafte Frau, die zu ihm stößt? Wir befinden uns im
Jahre 1832, die Cholera dezimiert die Provence und läßt auf
ihrem Weg blauangelaufene Leichen zurück, Leichen, deren
Gesichter vom Leiden verzerrt sind. Aber Angelo, der Flüchti-
ge, läßt sich Zeit, nimmt sich Zeit zu pflegen, diese unschuldigen
Opfer bis zum Ende der eigenen Kräfte einzureiben. Uner-
schütterlich und erhaben nimmt er sich auch Zeit, schweigend
die junge Pauline von Théus zu lieben. Die junge Frau kreuzt
seine Wege, als sie auf der Suche nach einem mysteriösen Ehemann ist, der vielleicht schon lange den Tod gefunden hat. Un-
verwundbar und rein, mit einem leichten Lächeln auf den Lippen, begegnet er allen Gefahren, immer bereit, jedes Wagnis
einzugehen. Wiederholt ihm schließlich seine Mutter nicht seit
seiner Kindheit immer wieder: ›Seien sie verrückt, mein Sohn,

niemals ist man verrückt genug‹?«‹ (Presseinformation zum Film)

ZUM FILM: »Seit seinem Erscheinen im November 1951 wird der ›Husar auf dem Dach‹ von Jean Giono als Meisterwerk gefeiert und reizt die Filmemacher. Man hörte von den verschiedensten Projekten, Namen von Regisseuren wurden genannt: René Clément, Luis Buñuel, François Villiers und Giono selbst. Als Darsteller des Angelo nannte man Schauspieler wie Gérard Philipe, Marlon Brando, Anthony Perkins oder Alain Delon. Aber all diese Vorhaben blieben Projekte, selbst ernsthafte Unternehmen von René Clement, der eine Verfilmung mit Gérard Philipe anstrebte, oder die Pläne von Giono selbst wurden nicht umgesetzt. Bis heute gehört der »Husar auf dem Dach« zu jenen Werken, die als unverfilmbar galten (ähnlich wie Célines ›Voyage au bout de la nuit‹ oder Malrauxs ›Condition humaine‹). Jean-Paul Rappeneau, der seit *Cyrano de Bergerac* zu den meistgeschätzten französischen Filmemachern zählt, ist derjenige, der sich auf das schwierige Unternehmen einer Verfilmung einläßt. Gemeinsam mit Nina Companeez und Jean-Claude Carrière nimmt er eine Adaption der Geschichte vor. Die langen Romanpassagen, die viel mehr kontemplativ sind, als daß sie die Möglichkeit einer spannenden Handlung hergeben, müssen für eine filmische Adaption präpariert werden. Man muß Teile der langen Erzählung herausnehmen, und besonders die erst sehr späte Begegnung zwischen Pauline und Angelo (nach beinahe der Hälfte des Romans) früher ansetzen. Nach vielen Probeaufnahmen, nach einem langen Suchen findet der Regisseur dann seine beiden Hauptdarsteller: Olivier Martinez und Juliette Binoche. Genauso wie Olivier Martinez die natürliche Begeisterung, den Schwung besitzt, die Angelo eigen sind, so verfügt Juliette Binoche über die königliche Haltung, die Paulines Erscheinung genau entspricht. Sie besitzt die entsprechende Stimme und den ernsten Blick, der seit ihren zarten Anfängen so sehr gereift ist.« (Drehbericht von Sophie Cherer in: Première, Juli 1994)

Fernsehauftritte

1982
DOROTHÉE, DANSEUSE DE CORDE
Regie: Jacques Fansten

1983
FORT BLOQUÉ
Regie: Pierrick Guinard

1991
VERFÜHRERISCHE GESCHICHTEN
(USA 1991) Women and Men. Three Short Stories
(Mara/Zurück nach Kansas City/Häusliches Dilemma)

Darsteller: Matt Dillon, Kyra Sedgwick, Ray Liotta, Andy Mac-Dowell, Scott Glenn, Juliette Binoche.

MARA: Regie/Drehbuch: Mike Figgis, *Musik:* Anton Sanko, *Kamera:* Jean-François Robin, *Kostüme:* Elisabeth Tavernier, *Ausstattung:* Oliver Raoux.
Darsteller: Juliette Binoche, Scott Glenn.
Produzent: David Brown, William S. Gilmore.

INHALT: Paris, eine Szene in einem Bistro: Schweigend betrachtet ein Mann mittleren Alters die Menschen um ihn herum, sucht den Blickkontakt mit einer jungen Frau, dann mit einer anderen. Ein stiller Beobachter, ein Fremder, der hier doch zu Hause zu sein scheint. Es ist der Schriftsteller Henry Miller, der Paris, Frankreich zu seiner geistigen Heimat macht. Mit der Stadt und ihren Bewohnern fühlt er sich aufs engste verbunden. Auf der Straße trifft er Mara; sie wird von Prostituierten angefeindet, als sie versucht, mit einem Kunden anzubändeln, Revierstreitigkeiten. Der Schriftsteller greift ein, hilft dem Mädchen, lädt es auf ein Glas ein.
Mara hat die Amerikaner gerne. Sie erzählt von einem, den sie kannte. Der hätte ihr alles geboten, Reisen, schöne Kleider, gutes Essen, alles – solange sie sich prostituierte. Henry lädt sie zum Essen ein, schlägt ihr vor, sein gerade erworbenes Geld mit ihr auszugeben – so, wie er es immer zu tun pflegt: Wenn Geld

da ist, wird es ausgegeben, und wenn nicht, dann müssen andere Lösungen gefunden werden, irgendwie klappt es schon. Es ist
eine echte Einladung, eine, die keinen Gegenwert verlangt.
Mara weint, so viel Güte ist sie nicht gewohnt. »Eigentlich«, sagt
sie, »bin ich ja keine Hure ...« Ein abgedroschener Satz in
einem abgedroschenen Rahmen, so scheint es, und doch möchte man den kindlichen Tränen auf dem Gesicht der jungen Frau
glauben.

Viel später, tief in der Nacht, als Henry sich verabschiedet, bittet Mara ihn zu bleiben. Sie möchte noch mit ihm reden, spazie-
rengehen, sie will nicht alleine sein. Kühl und distanziert versucht er, sich ihrem Charme zu entziehen. Erstaunt fragt sie
nach den Gründen für diese veränderte Haltung, schließlich war
er den ganzen Abend nett und zuvorkommend. »Freundlich
sein«, sagt er, »ist nicht schwer, solange man nicht verliebt ist.«
Sie gehen weiter durch die Nacht, und in einer dieser vielen kleinen Gassen lieben sie sich, schnell und heftig, ein ganz kurzer
Ausbruch von Leidenschaft und Verzweiflung. Danach gibt er
ihr Geld, für alle Fälle, wie er meint, dann geht er. Mit entsetz-
tem Gesicht versucht Mara, ihm das Geld wieder zu geben. »Es
ist zuviel«, sagt sie weinend. Er versteht nicht oder er versteht
doch. »Hat dich noch nie jemand anständig behandelt?« Mara
bleibt alleine in diesem dunklen Hauseingang, und Henry läuft,
flieht vor ihr, flieht vor sich selbst.

Zum Film: Verführerische Geschichten ist ein amerikanischer
Episodenfilm über Frauen und Männer, über die Verführung,
über die Liebe. Die verschiedenen Geschichten erzählen nur
Bruchstücke von dem, was sich abspielt zwischen Mann und
Frau. Die Möglichkeiten der Verführung sind unendlich, der
Film wählt aus, er deutet einige dieser Möglichkeiten an und
bewegt sich irgendwo zwischen Fiktion und Wirklichkeit,
zwischen Gestern und Heute.

»Mara« ist eine ganz persönliche Geschichte des amerikanischen Schriftstellers Henry Miller. Seine Bekanntschaften, die
Begegnungen, die er in seinem geliebten Paris hatte, bilden den
Hintergrund für viele seiner Geschichten und sind durch seine
eigenen Schilderungen in Autobiographien bekannt geworden.
In »Mara« ist es das Zusammentreffen mit einer Prostituierten
vor dem Hintergrund seiner Ehe mit June. Der Film deutet am

Rande auf diese Ehe hin: Henry versucht seine Frau mehrmals telefonisch zu erreichen. Der konkrete Hintergrund der Beziehung ist jedoch nicht von Bedeutung für die Bekanntschaft mit Mara. Wichtig ist lediglich, daß aus einer kurzen unscheinbaren Begegnung der knappe Anflug einer Liebesgeschichte wird. Einer Geschichte, die sich aufgrund der Gefühle der beiden nicht verwirklichen kann …

Bühnenauftritte

1977–81

LES FEMMES SAVANTES (Molière)
LE JEU DE LA FEUILLÉE (A. de La Halle)
L'OURS (A. P. Tschechow)
LE ROI SE MEURT (Ionesco)
LE MALADE IMAGINAIRE (Molière)
HENRI IV (Pirandello)

Die Möwe.

1988
LA MUETTE
Die Möwe (Anton Pawlowitsch Tschechow)
Regie: Andrej Michalkow-Konschalowski
Darsteller: JULIETTE BINOCHE (Nina), André Dussollier (Trigorine), Macha Meril (Arkadina), Jean-Philippe Ecoffey (Treplev), Jean Bouise (Dorn), Rose Thiéry (Paulina), Christine Murillo (Macha), Michel Parent (Medvedenko), Pierre Vial (Sorine), Albert Delpy (Chamraev), Yves Elliot (Yacov).
Théâtre de l'Europe, Odeon Théâtre national, Juni 1988

KRITIK: ACTEURS, REVUE DU THÉÂTRE, 2tes Trimester 88

Preise

1986

Romy-Schneider Preis für *Rendez-Vous* von André Téchiné.

1992

Felix, Preis als beste europäische Schauspielerin für *Les amants du Pont Neuf* von Léos Carax.

1993

Goldene Palme als beste Schauspielerin für *Trois couleurs: Bleu* von Krzysztof Kieslowski.

1994

César als beste Schauspielerin für *Trois couleurs: Bleu* von Krzysztof Kieslowski.

Bibliographie

Interviews mit Juliette Binoche

Yves Alion in: REVUE DU CINÉMA 406/85
Philippe le Guay in: CINÉMATOGRAPHE 110/85
Serge Toubiana in: CAHIERS DU CINÉMA 389/86
Christophe d'Yvoire in: PREMIÈRE 108/86
ders. in: PREMIÈRE 112/86
François Guerif in: TÉLÉ – CINÉ – VIDÉO 59/86
Philippe Royer in: POSITIF 326/88
Christophe d'Yvoire in: PREMIÈRE 132/88
Serge Toubiana in: CAHIERS DU CINÉMA 443,4/91
Michael Althen in: SZ 14.12.92
Carla Rhode in: DER TAGESSPIEGEL 20.12.92
Lucie Desanglois in: MENSUEL DU CINÉMA 1/92
Jean-Pierre Lavoignat/Christophe d'Yvoire in: STUDIO MAGAZINE 68/92
Daniel Parra/Didier Roth-Bettoni in: MAGAZINE DU CINÉMA 9/93
Christophe d'Yvoire in: STUDIO MAGAZINE 77/93

Selbstaussagen Juliette Binoches

Juliette Binoche in: STUDIO MAGAZINE 12/88
Juliette Binoche/Sandrine Bonnaire in: STUDIO MAGAZINE 24/89

Textquellen und Interviews

Hervé le Roux: Le celluloïd et les planches, in: CAHIERS DU CINÉMA 374/85
Isabelle Danel: Juliette Binoche: Le sceau de la rareté, in: PRÉSENCE DU CINÉMA FRANÇAIS 3/86
Agnès Peck: Juliette Binoche: Muse et amante, in: POSITIF 383/93
Die Zeit nach der Krise. Louis Malles Rückkehr ins Kino. Ein Gespräch mit Heiko R. Blum.
Dominik Slappnig: Léos Carax. Prénom Alex, in: ZOOM 8/92
Munzinger-Archiv/Internationales Biographie-Archiv 24/93

Zu Juliette Binoches Ausstellung am Festival Acteurs-Acteurs:

Pierre Vavasseur in: LE PARISIEN 26.3.94; STUDIO MAGAZINE März 94; LE CERCLE. Supplément Arte Magazine, März 94; FEMME PRATIQUE, März 94; GRANDES LIGNES, März 94; MUTUALITÉ, Februar 94; LE FIGARO, 26./27. Februar 94; LA NOUVELLE RÉPUBLIQUE, 9. und 22. März 94, 16. April 94; IMPACT MEDECIN, 11. März 94; COURRIER FRANÇAIS, 25. März 94

Filmmaterial

Dossier audiovisuel en quatres parties consacrée à l'histoire du
  décor du Pont Neuf réalisé par Laurent Canches
Le pont neuf des amants. Documentation par Laurent Canches

DANKSAGUNG

Für ihre Unterstützung danke ich ganz besonders Annie Plaa, Michel Lalaque, Mariette Puyponchet, Sigrid Schmitt und Heiko R. Blum.
Außerdem für ihre Hilfe danken möchte ich Jürgen Thie, Iduna und Peter H. Schröder, Christa Fuller-Lang, Vernice Klier, Muriel Robine (Home Made Movies), Marie Christine (Nouvelles Editions de Film), den Mitarbeitern vom Festival Acteurs-Acteurs, Renaud Davy (Unifrance), Valerie Farthouat (Unifrance), Meinolf Zurhorst, Jean-François Legevin. Und nicht zu vergessen: ein *merci* an Kirsten, Andrea, Maria und Heike.

BILDNACHWEIS

Archiv Freie Film Kritik 125, 127, 164, 167, 170, 181, 186; Archiv für Filmkunde 6, 10, 19, 23, 24 (2), 27, 32, 34, 35, 39, 43 (2), 44, 45, 47, 49, 50, 51, 52, 53, 55, 56, 57, 58, 61, 63, 64, 65, 67, 69, 70, 73 (2), 75, 77, 79, 83, 93, 99, 105, 128, 131, 132, 133, 136 (2), 137, 139, 142, 149, 151, 152, 153, 159 (5); Archiv Heiko Blum 147; Archiv Katharina Blum 13, 90, 91, 103, 106, 107, 109 (4), 110, 111, 112; Arsenal 173; Fechner Film 85, 87; KIPA 14 (2), 15 (2), 16 (6), 18 (2), 192; NEF 115, 117, 118, 119, 121, 123, 124, 159 (1), 183; Tobis 177; Tomas Lalaque 101.

Register